新质生产力的创新网络逻辑

技术与合作的交织

闫 岩 ◎ 著

中国财经出版传媒集团
经济科学出版社
·北京·

图书在版编目（CIP）数据

新质生产力的创新网络逻辑：技术与合作的交织／闫岩著 . -- 北京：经济科学出版社，2025. 7. -- ISBN 978 - 7 - 5218 - 7072 - 5

Ⅰ．F120.2

中国国家版本馆 CIP 数据核字第 2025HM6923 号

责任编辑：崔新艳
责任校对：齐　杰
责任印制：范　艳

新质生产力的创新网络逻辑：技术与合作的交织
XINZHI SHENGCHANLI DE CHUANGXIN WANGLUO LUOJI：JISHU YU HEZUO DE JIAOZHI
闫　岩　著
经济科学出版社出版、发行　新华书店经销
社址：北京市海淀区阜成路甲 28 号　邮编：100142
经管中心电话：010 - 88191335　发行部电话：010 - 88191522
网址：www.esp.com.cn
电子邮箱：espcxy@126.com
天猫网店：经济科学出版社旗舰店
网址：http：//jjkxcbs.tmall.com
北京季蜂印刷有限公司印装
710×1000　16 开　11.75 印张　210000 字
2025 年 7 月第 1 版　2025 年 7 月第 1 次印刷
ISBN 978 - 7 - 5218 - 7072 - 5　定价：60.00 元
（图书出现印装问题，本社负责调换。电话：010 - 88191545）
（版权所有　侵权必究　打击盗版　举报热线：010 - 88191661
QQ：2242791300　营销中心电话：010 - 88191537
电子邮箱：dbts@esp.com.cn）

中国人民大学科学研究基金（中央高校基本科研业务费专项资金资助）项目成果（24XNQX19）"新质生产力的创新网络逻辑：技术与合作的交织"

序　言

在新时代高质量发展的背景下，"新质生产力"作为一个全新的理论命题，正在深刻重塑国家创新战略和企业竞争范式。它不仅代表着生产力形态的跃迁，更昭示着以科技创新为核心驱动力的价值创造逻辑。而要理解新质生产力如何生成与发展，必须深入探讨其背后的组织机制与网络结构，其中，创新网络无疑是最具解释力的核心变量之一。

本书以"新质生产力的创新网络逻辑"为主题，系统梳理了创新网络的核心概念、关键维度与演化机制，进而聚焦于技术合作、知识转移、结构嵌入等具体路径，构建了一个兼具理论深度与实践指导意义的分析框架。作者不仅深入解析了网络关键指标如何影响创新绩效，还在多个章节中结合实证研究，揭示了合作网络、知识网络与竞合网络之间复杂交织的作用机制，为新质生产力的形成提供了多维度的理论支撑。

值得一提的是，本书将"新质生产力"这一战略性命题与社会网络理论进行了有效融合，既回应了国家政策与现实发展的紧迫关切，也为管理学界提供了拓展创新研究范式的新视角。这种融合不仅体现在概念层面，更体现在作者对理论演绎与实证检验的高度统一上，体现了严谨的学术精神与鲜明的问题意识。

对于理论研究者而言，本书有助于深化对创新网络动态机制的理解；对于政策制定者与企业管理者而言，本书提供了构建创新生态、提升知识协同与防范知识泄露的可行路径。在新质生产力成为引领经济社会转型的关键引擎之际，本书的出版可谓正当其时。

  谨以此序，向有志于新质生产力和创新网络研究与实践的读者郑重推荐此书。

陈凯华 教授

中国科学院大学

2025 年 6 月

前　言

全球科技革命与产业变革正在重新塑造各国的经济格局，同时为企业创新和技术进步带来了前所未有的挑战和机遇。尤其是在数字化与智能化新技术浪潮的推动下，知识成为推动社会生产力发展的核心驱动力，而技术进步和知识流动则成为企业竞争力的关键来源。单个企业或个人已难以独立完成复杂的创新任务，网络化合作已成为实现知识共享和协同创新的必由之路。基于这一认识，笔者决定撰写本书，旨在从"创新网络"的视角深入探讨"新质生产力"这一全新生产力形态，探索其在推动经济高质量发展和实现产业转型升级中的关键作用。本书不仅是对理论的梳理与总结，更是通过科学研究助力实践创新的尝试。

本书以"新质生产力的创新网络逻辑：技术与合作的交织"为题，分为九章内容，循序渐进地分析新质生产力的核心逻辑，重点探讨创新网络在知识创造、流动与转化中的作用。各章节的主要内容如下。

第 1 章阐释了新质生产力的内涵，明确其作为新时代核心生产力形态的定位，强调其以科技创新和知识驱动为基础，具备突破性特征。该章结合理论分析创新网络作为知识协作和资源整合的核心机制，如何促进新质生产力的形成；从自我网络与整体网络的视角出发，深入讨论中心性、结构洞等网络特性对知识创造的影响；进一步强调，创新网络不仅是新质生产力的生成平台，还是应对快速变化的技术环境与市场需求的战略工具，为企业和政策制定者提供了优化创新管理的新视角。

第 2 章全面探讨了合作网络、知识网络与竞合网络三种主要创新网络类型。合作网络侧重于资源整合与伙伴协作，知识网络强调知识生产和共享，竞合网络则在竞争与合作之间寻求平衡。该章揭示了不同类型网络对创新绩效的独特作用，并提出了适应不同情境的网络设计策略，为企业优化网络管理提供了理论支持。

第 3 章聚焦创新网络的动态变化，深入分析网络结构演化过程中的驱动因素及其对创新绩效的多重影响。通过组织内部和组织间两个层面的视角，该章介绍了网络动态的驱动因素，探讨了网络的动态特性如何推动或抑制创新活动，并详细讨论了自我网络动态和整体网络动态两个层面的不同影响。该章旨在为理解创新网络在动态环境中的适应性提供理论支持，并为企业应对网络变化时的管理实践提供指导。

第 4 章深入探讨了知识泄露这一影响创新网络稳定性与效用的关键问题。该章首先从理论层面定义了知识泄露的核心概念，并区分了直接知识泄露与间接知识泄露两种形式，通过分析知识泄露的前因与后果，揭示了在创新网络设计中防范知识泄露的重要性。此外，该章还提出了多种应对策略，包括优化合作网络结构、加强隐性知识保护、利用技术手段强化知识防御等。这些研究为企业在开放创新网络中实现知识共享与保护平衡提供了理论依据，并展示了如何设计网络结构来有效降低知识泄露风险，对企业在网络化环境中保护核心竞争力具有重要的实践意义。

第 5 章基于可再生能源领域的数据，探讨了局部网络嵌入性与整体网络特性（如小世界性）对创新活动的双层次影响。该章强调，创新合作网络的嵌入性对提升企业创新能力具有重要作用。企业在设计和管理创新网络时，应注重平衡结构嵌入、关系嵌入和小世界性的影响，以实现资源获取、知识共享和协同创新的最优组合。该章为企业如何设计高效的创新合作网络提供了理论依据，并为政策制定者在推动行业协同创新时提供了实践指导。

第6章探讨联盟与新合作伙伴之间的投资组合相似性与现有合作伙伴退出之间的关系。该章研究发现，在新合作伙伴加入后，现有合作伙伴可能会选择退出，而退出的决策通常是在对风险与收益进行权衡后做出的。此外，该章研究还发现，联盟内部的群体断裂线和位置不平等会对共同利益的创造与分配产生负面影响，进而削弱这一"U"型关系的效应。企业应在动态变化的网络环境中灵活调整合作关系，平衡合作伙伴间的关系，以保持创新的可持续性和高效性。

第7章从合作网络和知识网络的多重视角，探讨了知识创造和流动在多层次网络中的协同机制，揭示了合作网络和知识网络对创新绩效具有显著影响，两者的交互作用可以进一步增强创新效能。该章揭示出不同网络结构之间的互动如何促进知识整合，并提出了多重网络协作优化策略，为知识驱动型创新提供了实践依据。

第8章指出创新网络在防止知识泄露方面发挥着至关重要的作用。该章结合知识泄露风险，深入分析创新网络如何通过结构设计实现防御效果。该章研究发现，适当的知识网络和合作网络小世界特性能够减少知识外泄风险，这些措施的有效性在一定程度上取决于母公司在东道国的经验。该章还探讨了企业在开放创新与知识保护之间的权衡策略，提出了通过网络设计优化实现"有选择的开放"的可行路径。

第9章探讨了竞争网络与合作网络对创新绩效的双重影响，揭示了企业在复杂网络环境中如何优化其创新行为。该章通过分析竞争与合作网络的互动关系，强调单一依赖竞争或合作不足以充分释放创新潜力，只有在两者之间保持动态平衡，才能实现最佳创新绩效。该章为企业在快速变化的市场环境中构建适应性网络提供了实践指导，也为理论研究提供了整合竞争与合作视角的新框架。

本书旨在为关注创新管理与战略发展的学者、企业管理者以及政策制定者提供新的研究视角。无论是探寻新质生产力形成机制的理论研究者，还是致力于提升创新效率的实践者，都能从中获得启发和实用建议。

在撰写过程中，笔者深刻感受到创新网络这一领域的复杂性与现实意义。它不仅仅是学术研究的前沿课题，更是企业提升竞争力和推动社会经济转型的关键路径。在本书写作的过程中，笔者也对中国企业在全球创新网络中如何发挥优势有了更深的理解。

正如马克思在《资本论》中所言："生产力是随着科学和技术的不断进步而不断发展的。"在全球化与数字化双重浪潮的驱动下，新质生产力为我们带来了前所未有的机遇与挑战。希望本书能够成为一座桥梁，连接理论与实践，启发读者对创新与合作的重新思考。

闫岩负责本书框架构建及撰写。在本书的资料整理与文字校对过程中，陈蔚、王泽宇、沈子杰、景小洲、黄清泽、陈泓基、陈奕霏、李宜诺、张潇月、杨景尧、刘博、马浪等同学付出了细致耐心的努力，在此谨致衷心感谢。国内外相关成果也为本书提供了重要的启发，在此表示感谢。

鉴于创新网络和新质生产力的研究横跨多个学科领域，且研究团队的学术视角和知识储备难免有所局限，本研究成果可能还存在尚需深入研究和完善之处。我们期待这些问题在未来的学术交流与实践应用中得到进一步探讨与优化。最后，衷心感谢在写作过程中给予笔者支持的同行、朋友和家人。

愿本书能为您提供有价值的思考，并在推动创新网络研究的道路上助您一臂之力。

闫　岩

中国人民大学商学院

2025 年 4 月

目　录

第1章　新质生产力和创新网络 ·· 1

　　1.1　新质生产力 ··· 3
　　1.2　创新网络——自我网络视角 ······························· 4
　　1.3　创新网络——整体网络视角 ······························· 23
　　1.4　创新网络的内外部视角 ······································ 31

第2章　多重创新网络 ·· 34

　　2.1　合作网络 ·· 34
　　2.2　知识网络 ·· 37
　　2.3　竞合网络 ·· 40

第3章　创新网络动态理论综述 ·· 45

　　3.1　组织内网络动态的驱动因素 ······························· 45
　　3.2　组织内网络动态的影响 ····································· 46
　　3.3　组织间网络动态的驱动因素 ······························· 48
　　3.4　组织间网络动态的影响 ····································· 50

第4章　创新网络与知识泄露 ··· 52

　　4.1　知识泄露概述 ··· 52
　　4.2　企业的直接知识泄露 ·· 54
　　4.3　企业的间接知识泄露 ·· 57
　　4.4　知识泄露的防御手段 ·· 60

第 5 章　创新合作网络的嵌入和创新：基于可再生
　　　　能源领域的研究 ·· 65
　　5.1　引言 ·· 65
　　5.2　理论框架和假设 ·· 67
　　5.3　研究方法 ·· 71
　　5.4　分析和结果 ·· 75
　　5.5　结论和讨论 ·· 78

第 6 章　当新合作伙伴挤掉现有合作伙伴时：网络
　　　　断层的调节作用 ·· 81
　　6.1　引言 ·· 81
　　6.2　理论框架和假设 ·· 83
　　6.3　研究方法 ·· 88
　　6.4　分析和结果 ·· 92
　　6.5　结论和讨论 ·· 97

第 7 章　多重网络视角：合作网和知识网视角下的
　　　　引文研究 ·· 100
　　7.1　引言 ·· 100
　　7.2　理论框架和假设 ·· 102
　　7.3　研究方法 ·· 104
　　7.4　分析和结果 ·· 109
　　7.5　结论和讨论 ·· 114

第 8 章　创新网络作为防御知识泄露的手段 ·············· 117
　　8.1　引言 ·· 117
　　8.2　理论框架和假设 ·· 119
　　8.3　研究方法 ·· 124
　　8.4　分析和结果 ·· 128
　　8.5　结论和讨论 ·· 130

第9章 竞争与合作网络对创新绩效的影响 ·········· 133
9.1 引言 ··· 133
9.2 理论框架和假设 ································· 135
9.3 研究方法 ·· 139
9.4 分析和结果 ······································ 144
9.5 结论和讨论 ······································ 145

参考文献 ·· 148

第 1 章

新质生产力和创新网络

在知识经济和技术加速更新的时代,新质生产力作为一种新的生产力形式,已经成为推动企业竞争力和创新能力的核心动力。新质生产力代表先进生产力的演进方向,是由技术革命性突破、生产要素创新性配置、产业深度转型升级而催生的先进生产力质态,强调将知识资源与创新网络的深度结合,以激发知识的内在潜能并生成新的价值。新质生产力的概念在创新网络的背景下显得尤为重要,因为创新网络不仅是资源与知识互动的桥梁,也是将知识转化为创新力的关键机制。当今时代,技术扩散速度加快,技术发展周期缩短,且技术创新伴随着巨大的不确定性风险,因此,单个企业或个人难以独立完成创新活动。在这种背景下,创新者与外部的合作与交流需求增加,创新活动从单一的线性过程转变为网络化过程。在创新过程中,创新参与者通过各种形式的合作与联系建立起基于知识生产的关系网,从而形成创新网络体系。

创新网络指"创新主体之间通过频繁互动形成的稳定合作关系体系,并且作为一个整体展现出新的创新特性"。近年来,创新网络研究在管理学领域中的关注度显著上升,相关研究成果也呈现出指数增长的趋势。在全球经济中,知识的生产、扩散和应用逐渐成为推动创新和经济增长的核心驱动力(Mitchell,1969)。企业、组织乃至国家的经济绩效日益依赖于创新网络中的知识交流和合作。企业逐渐认识到,知识的发展和创新能力的提升是竞争优势的主要来源(Eisenhardt and Martin,2000)。对知识经济价值的重视推动了创新网络中的知识管理实践(Eisenhardt and Martin,2000),这些实践主要涉及知识的创造、存储、检索、转移和应用。

弗里曼（Freeman，1991）基于这一思想提出了创新网络的概念——一种具有非正式和隐含关系特征的基本制度安排，网络架构的形成主要基于企业间的创新合作关系。创新网络中成员间的关系嵌入是新质生产力形成的关键因素之一。因为嵌入的网络结构难以被模仿或复制，创新网络成为企业在知识密集型竞争环境中获取竞争优势的重要方式。王大洲（2001）和张宝建等（2011）进一步界定了企业创新网络的范围，认为创新网络是由企业及其区域内的创新行为主体（如大学、科研机构、政府、中介机构、金融机构等）通过交互作用形成的相对稳定的关系体系。该体系能够激发创新，具有本地根植性，是包含正式或非正式的关系总和。自创新网络概念提出以来，其理论被广泛应用于分析不同行业、空间和时间维度的创新活动（吴贵生等，2000）。创新者的行为嵌入具体的社会联系系统中，这种嵌入的网络关系是一种重要的不可模仿的资源，也是创新者获得独特资源和能力的重要途径。

一方面，学者们主要关注创新网络的属性对各层级创新者绩效的影响（陈子凤和官建成，2009a）。随着竞争的日益激烈，战略联盟、合作研发、知识网络和产业集群等新型合作模式逐渐形成。创新者逐渐嵌入其他组织的关系网络中，如客户、大学、其他企业、研发机构和政府等。以创新为目的的网络通常被称为创新网络，它是各主体为获取知识资源而建立的有目的的联系。网络中的参与者可以紧密协作，实现可靠的信息资源共享，并减少市场中信息搜索的成本（王伟光等，2015）。当今世界，创新活动趋向于网络化和合作化，企业和国家之间的竞争不仅是单个实体的竞争，更是背后创新网络之间的竞争（张红娟和谭劲松，2014）。

另一方面，创新网络在不同的发展阶段会呈现出不同的特征，即网络中关系的建立和演变存在动态变化过程（陈子凤和官建成，2009b）。在一些情况下，主体间关系的建立是自发的，而非静态选择的结果。从网络的演化角度看，已有研究关注网络的演化过程、动力学机制等问题。学者们认为，创新网络的演化能力分为两类：自我网络动态和整体网络动态。前者主要描述网络中连接的增加、减少和变化，后者则考虑网络中节点的行为选择。坎内拉和麦克法登（Cannella Jr and McFadyen，2016）指出，自我网络的结构对新伙伴的进入和旧伙伴的退出具有显著影响。有的研究者认为网络的类型和伙伴的类型也对网络动态产生重要影响。

创新网络的研究视角可以分为自我网络和整体网络（王贵平和余谦，

2019）。自我网络的研究者通常关注某一节点延伸出的网络特征，例如节点的中心性、结构洞、节点间关系强度等指标（以微观视角刻画网络特性）；整体网络的研究者更关注由多个节点组成的整体网络特征，如小世界性、聚集系数和平均路径长度等（是对网络宏观特征的总体刻画）。新质生产力的生成受到自我网络和整体网络结构的共同影响，因为这两种网络结构分别为知识的局部流动与整体扩散提供了不同层面的支持。

1.1 新质生产力

2023年9月，在"新时代推动东北全面振兴"座谈会上，习近平总书记首次提出了"新质生产力"的概念，强调必须加快这一新型生产力的形成，以推动经济新动能的建立。他在黑龙江省委和省政府的工作汇报中指出，整合科技创新资源、带动战略性新兴产业和未来产业的发展，是实现新质生产力的关键路径。在创新网络的支撑下，通过创新主体间的协同合作和资源整合，才能更有效地推动新兴产业的成长。随后，在2023年12月的中央经济工作会议上，明确提出要依靠颠覆性和前沿技术催生新产业、新模式、新动能，以更好地发挥创新网络的连接作用，发展新质生产力。2024年1月，中共中央政治局第十一次集体学习再次强调新质生产力是推动高质量发展的内在要求，而创新网络在实现这一目标中发挥着不可或缺的资源共享和知识流动功能。2024年政府工作报告更是将"加快发展新质生产力"作为首要任务，首次将这一概念写入国家战略文件中，进一步明确了创新网络在推动新质生产力形成中的核心地位。

发展新质生产力，不是对现有生产力的简单扩展，而是基于创新网络对未来产业和新兴产业的资源整合与协同效应，推动生产力结构的质变。通过创新网络，新兴产业能够共享知识与技术资源，促使传统产业加速转型升级，实现社会生产力的质的飞跃。这一过程不仅强化了单一创新主体的能力，还在网络化的环境下使整体经济系统变得更具活力和创新性。

新质生产力的核心特征是创新驱动，通过创新网络打破传统的生产力路径，以高科技含量、高效能和高质量为标志，符合新的发展理念。这种生产力形态的形成依赖于技术的革命性突破、生产要素的创新性配置和产业的深度转型，而创新网络在其中起到了核心的促进作用。新质生产力的基本构成包括劳动者、生产资料、劳动对象及它们的高效组合，在创新网络的支持下，这些要素能够通过更快的信息交流和资源共享实现全要素生产率的大幅提升。可以说，新质生产力本质上是一种更加先进的生产力形态，以创新网络为依托，从科技创新的起点到新产业的培育，推动了生产力的质态跃升。

马克思在《资本论》中提出，生产力是劳动者运用劳动资料作用于劳动对象形成的创造财富的能力。劳动者、劳动对象和生产资料作为生产力的三大要素，在创新网络的联动下，形成了强大的推动力，为生产力的质变奠定了基础。生产关系作为生产力的外部环境，适应生产力的更新时促进发展，反之则会阻碍新质生产力的生成。而创新网络则为这一关系的优化提供了动态支持，通过实时的信息反馈和关系调整，使生产关系更能适应新质生产力的要求。

新质生产力带来了新产业部门的崛起，不仅创造了替代传统部门的新市场，还依靠创新网络的知识流动和技术渗透带动了传统产业的升级。在网络化的创新环境中，各部门面临更强的竞争压力，从而不得不在创新网络的支持下通过知识共享和技术集成来降低成本、提高效率，进而实现适应性调整。"创造性破坏"与"创造性转型"在这一过程中并存。创新网络在此不仅是连接个体的通道，更是知识流动的驱动器，使新质生产力的形成与技术生命周期的"S"型曲线相吻合，也推动了产业的持续升级。

新质生产力的"新"体现在创新网络带来的新要素、新技术和新产业，而"质"则表现为高质量、多维度价值和双重效能。作为新时代生产力的新质态，新质生产力是在创新网络驱动的高质量发展中形成的。习近平总书记关于新质生产力的论述不仅是对马克思主义生产力理论的新发展，也是科技和创新网络推动生产力发展的经验总结，提供了新时代背景下的一条科学发展路径，为国家经济转型提供了战略支持。

1.2　创新网络——自我网络视角

1.2.1　中心性

一个节点的中心性表明了该节点在整个网络中占据位置的重要程度。早在1950年，巴维拉斯（Bavelas A，1950）就开始探究中心性的特征。在此之后人们给出了中心性的计算方式，包括度中心性、接近中心性、中介中心性和特征向量中心性等。

度中心性（Degree Centrality）最早直接用节点的直接连接边数进行计算（Shaw，1954）。这种计算方式没有考虑到网络的大小对节点中心性的影响，当节点所处的整体网络扩张或者缩小时，节点在网络中的中心性会随之改变，因此后来度中心性的计算改用节点直接连接数除以最大可能连接数，以消除网络规模变化带来的影响（Nieminen，1974）。

$$Cd(N_i) = \sum_{j=1}^{n} X_{ij}(i \neq j) \qquad (1-1)$$

$$C'd(N_i) = \frac{\sum_{j=1}^{n} X_{ij}}{n-1}(i \neq j) \qquad (1-2)$$

其中，$\sum_{j=1}^{n} X_{ij}(i \neq j)$ 表示与焦点节点直接相连的边数，n 表示该自我网络的总节点数。如在图1-1网络中，点B的度中心性 $Cd(B) = 3$，标准化后的 $C'd(B) = \frac{3}{4-1} = 1$。

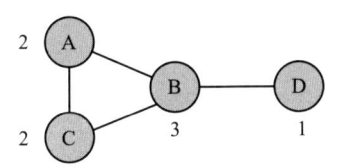

图1-1 度中心性计算示意

接近中心性（Closeness Centrality）用来衡量焦点节点和其他节点的连接方便程度，用节点到其他节点路径总和的倒数来计算。焦点节点到达另一节点经过的路径数越长，到达越不方便，接近中心性就越低（Freeman，1978）。其标准化后的公式如下：

$$C'x(N_i) = \frac{n-1}{\sum_{j=a}^{n} d(N_i, N_j)}(i \neq j) \qquad (1-3)$$

其中，$d(N_i, N_j)$ 表示节点 i 到节点 j 的距离，对距离的和取倒数以直观表示。如在图1-2中，点D的接近中心性为：$C'x(D) = \frac{4-1}{2+1+2} = \frac{3}{5} = 0.6$。

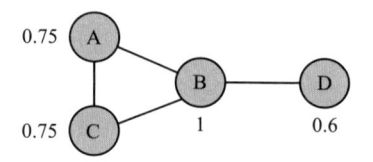

图1-2 接近中心性计算示意

中介中心性（Betweenness Centrality）根据焦点节点作为其他节点沟通的必经之路的数量来衡量其重要程度，用其他节点经过焦点节点的最短路径数占比来计算（Freeman，1978）。瓦瑟曼（Wasserman，1994）后来也对该公式进行了标准化。中介中心性高意味着节点在整个网络中起着"交通枢纽"的作用。

$$Cb(N_i) = \sum_{j<k} \frac{G_{jk}(N_i)}{G_{jk}} \tag{1-4}$$

$$C'b(N_i) = \frac{2\sum_{j<k}\frac{G_{jk}(N_i)}{G_{jk}}}{(n-1)(n-2)} \tag{1-5}$$

其中，$G_{jk}(N_i)$表示节点i在节点j、节点k沟通的最短路径上，G_{jk}表示节点j、节点k的最短路径总数。在图1-3中，点D的中介中心性为：

$Cb(D) = (0+1+0+1) + (0+1+1+0.5) + (0+1+1+0.5)$
$\quad + (1+1+1+1) + (1+1+1+1) = 15$

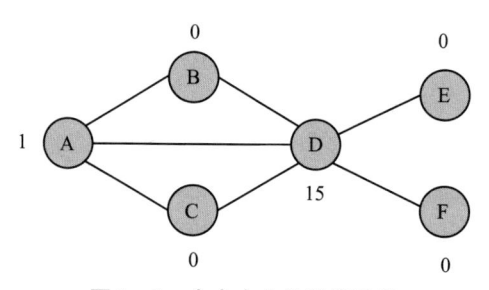

图1-3 中介中心性计算示意

特征向量中心性（Eigenvector Centrality）认为一个节点的网络地位会受到其邻接点地位的影响，也就是说，与更多重要节点相连的节点往往具有更重要的网络地位。因为特征向量中心性不仅能够考虑到节点本身的地位，还能将与节点相连的其他节点的中心性纳入考量，后来较多学者用该方式计算中心性（Polidoro Jr et al.，2011）。

$$NC_{d,t} = \frac{1}{\lambda} \sum_j a_{djt} NC_{jt} \qquad (1-6)$$

当 d 和 j 在 t 年有联系时为 1，没有联系时为 0，λ 为特征向量固定的特征值。

创新网络中心性与新质生产力的关系主要体现在资源获取、知识整合和创新协同等方面。已有研究普遍认为，自我网络中心性能够促进企业创新绩效。一方面，中心性更高的企业在网络中占据信息和资源优势，更容易吸收、整合并转化信息以实现创新（Burt，1992）。另一方面，中心性较高的企业接触更多合作伙伴，能够通过知识共享和互补提高创新产出（Mitchell，1969；Powell et al.，1996）。阿胡贾（Ahuja，2000a）验证了直接和间接联系对企业创新产出的正向影响，发现合伙人数量越多，信息和知识共享越充分，越能够实现规模经济并提高创新产出。有研究指出，企业的吸收能力调节了其网络位置与创新绩效之间的关系（钱锡红等，2010）。此外，有关特征中心性的研究表明，与高效创新者联系更多的人更可能实现创新，而拥有广泛网络的个人也更容易了解和采用创新（Morrison，2002）。中心性还通过提高信息可用性和质量增强创新者的能力（Nerkar and Paruchuri，2005）。

然而，也有研究提出不同观点，如更多的网络连接可能导致信息泄露风险上升（Lan et al.，2020；Polidoro Jr et al.，2011），企业可能因过度依赖网络中心地位而抑制创新（Gnyawali and Madhavan，2001）。实证研究发现，自我网络中心性可能对企业创新水平产生负向影响（王贵平和余谦，2019）。

个人绩效与中心性之间也存在一定关联性。社会网络中心性高的个体通常能够获取更多信息和资源，因而绩效更突出。但也有研究指出，维系网络关系的精力耗费可能不利于个人绩效提升（Fischbach et al.，2009）。斯帕罗等（Sparrowe et al.，2001）则区分了积极的解决问题型网络和消极的制造障碍型网络，前者的中心性与绩效正相关，后者则为负相关。中心性与绩效研究总结见表 1-1。

表 1-1　　　　　　　　中心性与绩效研究总结

中心性指标	绩效	结论	作者
度中心性	企业创新绩效	研发人员协作网络中度中心性与企业探索式创新负相关	王春雷等（Wang et al., 2014）
		企业外部合作网络中度中心性与企业创新绩效正相关	阿克塔莫夫和赵炎（Aktamov and Zhao, 2014）；王海峰等（Wang et al., 2019）
	个人绩效	与个人绩效正相关	巴克利和范·阿尔斯泰因（Bulkley and Van Alstyne, 2006）
		与个人绩效负相关	菲施巴赫等（Fischbach et al., 2009）
接近中心性	企业创新绩效	企业外部合作网络中接近中心性与企业创新绩效正相关	阿克塔莫夫和赵炎（Aktamov and Zhao, 2014）
	个人绩效	协作学习网络中接近中心性和学习成绩正相关	池希昌等（Cho et al., 2007）
中介中心性	企业创新绩效	企业外部合作网络中介中心性与企业创新绩效正相关	吉尔辛等（Gilsing et al., 2008）
	个人绩效	企业内部合作网络中介中心性和个人绩效正相关	加尔朱洛和贝纳西（Gargiulo and Benassi, 2000）
特征向量中心性	企业创新绩效	企业合作网络特征向量中心性与企业创新绩效正相关	阿克塔莫夫和赵炎（Aktamov and Zhao, 2014）
	团队绩效	团队合作网络中特征向量中心性和团队绩效正相关	凯恩和博加蒂（Kane and Borgatti, 2011）

中心性对知识创造的影响可从合作网和知识网两个角度分析。在合作网络中，中心性与知识创造正相关。一方面，高中心性个体能获取更多信息和资源，有助于知识聚集并促进知识创造（Burt, 1992；张鹏程和彭菡，2011）。另一方面，高中心性有助于建立信任和一致认知，促进知识分享（Coleman, 1988；Sparrowe et al., 2001）。在知识网络中，知识元素连接其他知识元素越多，组合潜力越强（Yayavaram and Ahuja, 2008），而知识创造高度依赖这种

组合能力（Nooteboom，2000）。因此，发明人所拥有知识元素的中心性越高，其知识创造能力越强。中心性提供了更多样的信息访问机会，增加了学习广度以及信息重组为新想法的概率。此外，组织层面研究发现，更中心的单位能通过更短路径获取高保真度知识，从而增强知识创造能力（Gupta and Govindarajan，2000）。

然而，当知识网络中心性超出一定阈值时，其组合潜力可能耗尽（Wang et al.，2014），知识网络中心性与知识创造表现出倒"U"型关系（Yan and Guan，2018）。网络联系过多的成本可能超过其收益，与企业间合作研究结果一致。尽管更多的合作伙伴通常有利于提升创新绩效（Ahuja，2000b），但过度依赖知识合作伙伴可能导致递减效应甚至负向影响（Rothaermel and Alexandre，2009）。研究进一步表明，合作网与知识网的交互作用对知识创造的影响不应割裂分析，而应综合考量两者的网络结构。

1.2.2　结构洞

伯特（Burt，1992）最早在其图书《结构洞：竞争的社会结构》（*Structural Holes：The Social Structure of Competition*）中提出结构洞理论并给出了计算方式：如果两个资源互补的节点没有直接或者间接联系，那么它们中间的"空地"就被叫作结构洞。我们以图1-4和图1-5中A的两个自我网络为例加以说明。在图1-4中，A与B、C、D均有联系，但是B、C、D彼此之间互不相连，此时B与C之间、B与D之间、C与D之间均存在结构洞。而在图1-5中，B、C、D彼此之间直接相连，不存在结构洞。

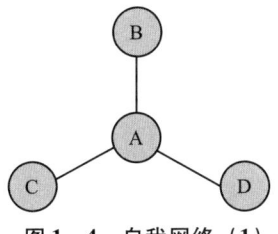

图1-4　自我网络（1）　　　图1-5　自我网络（2）

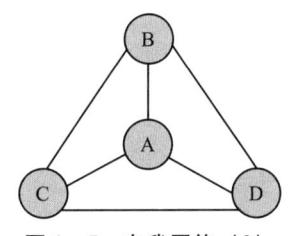

结构洞可以用来表示非冗余的联系。在图1-4中，A只能分别向B、C、D传递信息，并且B、C、D之间要想进行信息传递也只能通过A来进行，此时A与B、C、D之间的关系是非冗余的。而在图1-5中，当A将信息传递给 C 之后，C 可以再向 B、D 传递信息，A、B 之间、A、D 之间的联系则为冗余的。伯特（1992）还提出，当第三方将结构洞填补上时，能获得重要的竞争优势。以图 1-4 为例，A 即为 B、C 之间结构洞的填补者，B、C 之间的信息传递必须通过 A 来进行，A 在这个过程中能够控制关键信息。在产品网络中，A 凭此地位可以获得谈判价格优势，从而获得更高的利润率；在高管关系网络中，A 能据此获得工作谈判优势和更多机会，从而能够更快地晋升。

结构洞可以根据有效规模（Effective Size）、效率（Efficiency）、限制度（Constraint）和等级度（Hierarchy）进行测量（Burt，1992）。

有效规模指的是焦点节点自我网络的非冗余程度。网络并不是连接越多越好，在社会网络中，当个体通过多条路径最后指向相同的人时，这种联系就是冗余的，在这种情形下维系网络需要更多的精力，但是获得的却是和非冗余网络相同的信息。由此，对社会网络而言，真正有效的是它的非冗余部分，即网络的有效规模（Burt，1992），其计算方式如下：

$$\text{Effective size of } i\text{'s network} = \sum_j \left[1 - \sum_q p_{iq} m_{jq}\right] (q \neq i, j) \quad (1-7)$$

其中，j 表示 i 的邻接点，q 表示除了 j 以外 i 的其他邻接点；$p_{iq}m_{jq}$ 表示 i 与 j 之间的冗余度。

博尔加提（Borgatti，2009）给出了冗余度的简单算法，可以直接用与焦点节点个体网的邻接点的平均度数来表示（不包含与焦点节点本身的连接）。比如在图 1-6 中，C 的个体网包含 A、B、C、D 四个节点，其中 $d(A)=2$，$d(B)=d(D)=1$，C 的冗余度 $=\dfrac{2+1+1}{3}=\dfrac{4}{3}\approx 1.33$，有效规模 $=3-\dfrac{4}{3}=\dfrac{5}{3}\approx 1.67$。

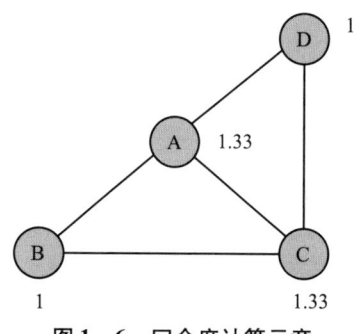

图 1-6 冗余度计算示意

一个点的**效率**是其有效规模和实际规模 N 之比，N 表示与该点直接相连的节点数。当比值为 1 时，说明节点 i 的所有邻接点都是非冗余的。比如在图 1-6 中，C 的有效规模是 1.67，实际规模是 3，C 的效率 $\approx \frac{1.67}{3} \approx 0.56$。

限制度（约束系数）指焦点节点 i 在其自我网络中运用结构洞的能力，j 对 i 的限制度取决于 i 直接向 j 投入的精力和 i 通过 q 向 j 投入的精力。限制度是测算结构洞普遍使用的指标，其计算方式如下（Burt，1992）：

$$Constraint_{ij} = (p_{ij} + \sum_q p_{iq} p_{qj})^2 \qquad (1-8)$$

其中，p_{ij} 表示 i 向 j 投入精力占 i 向所有邻接点投入总精力的比例，用 j 除以 i 的所有邻接点个数表示；q 表示网络中 i 和 j 的中间节点。例如，图 1-7 中，B 对 A 的限制度为：$C_{AB} = \left(\frac{1}{3} + \sum_q \frac{1}{3} \times \frac{1}{2}\right)^2 = 0.25$；D 对 A 的限制度为：$C_{AD} = \left(\frac{1}{3}\right)^2 = \frac{1}{9}$；将 A 的所有邻接点对 A 的限制度求平均后得到 A 的限制度为 0.61。

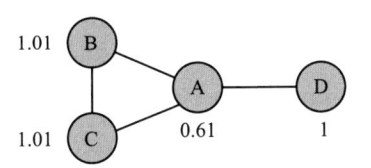

图 1-7 限制度计算示意

等级度则用来衡量限制性在一个点上的聚集程度。一个节点的等级度越高，该节点就越受限制。其计算方式如下：

$$Hierarchy_i = \frac{\sum_j \left(\frac{C_{ij}}{C/N}\right) \ln\left(\frac{C_{ij}}{C/N}\right)}{N \ln N} \qquad (1-9)$$

后有学者表示，可以用中介中心性来测算结构洞（Freeman，1978），二者的定义类似，具有相同的效果，中介中心性的测算前文已经提及，此处不再赘述。

结构洞对创新性的影响可从合作网络和知识网络的视角分析。在合作网络中，连接彼此不联系的个体使行动者能获取更多异质化的信息（McEvily and Zaheer，1999）。非冗余网络结构降低了维系关系的成本，提升创造效率，促进创新（钱锡红等，2010）。研究表明，在研究人员合作网络和企业联盟网络中，结构洞均对创新绩效起到正向作用（Wang et al.，2014；陈伟等，2012）。此外，张晓月和雷楠楠（2023）通过专利合作网络研究发现，结构洞对不连续创新绩效也有显著正向影响。结构洞为"新质生产力"提供独特支持，通过高质量知识流动和要素重组实现突破性增长。

在知识网络中，研发人员的知识要素占据结构洞表明其知识具备强组合潜力，但可能降低对外部新知识的引进需求，从而对探索性创新产生负向影响（Fleming，2001；Wang et al.，2014）。张永云和刘杜娟（2023）的实证研究表明，企业知识网络中的结构洞对创新绩效呈倒"U"型影响：结构洞过少时，知识流动不足，易导致无效搜索；过多时，知识零散，强行创新可能适得其反。

根据结构洞理论，结构洞两端群体的信息隔绝阻碍知识流动，且信息跨越多层后质量下降，削弱知识分享效果。在企业间知识流动中，较少结构洞的企业更易建立信任，促进知识分享（Coleman，1988，1990；Inkpen and Tsang，2005）。相反，结构洞较多的企业因缺乏信赖而对合作伙伴保持警惕，降低知识分享意愿。此外，研究发现，跨越更多结构洞的公司在保密性上表现更优（Lan et al.，2020）。

1.2.3 自我网络密度

网络密度（Density）描述了一个网络中各个节点之间的总体关联程度。根据巴恩斯（Barnes，1969）对网络分析两种基本范式的划分，网络密度的定义通常基于两种不同的分析取向：一是以特定个体为参考点所构建的个体中心网络（Ego-Centric Network），二是将网络视为一个整体结构的社会中心网络（Socio-Centric Network）。自我网络密度是个体网络分析中的一个重要概念（Mitchell，1969），用于衡量某个中心节点与其他节点之间关联的密集程度。最初，研究者曾直接使用中心度作为密度的计算方式之一，但该方法无法用于比较不同规模网络的密度水平。为此，后续研究进一步区分了相对密度与绝对密度。

当前，最常见的自我网络密度计算方法是将网络中实际存在的连接数除以可能存在的最大连接数，其结果用于衡量自我网络中各节点之间的连接程度。该方法具有计算简便、解释直观的优点，并能够有效地反映网络中连接

的紧密程度。但需要注意的是,其密度值可能受到网络规模的影响。密度的计算公式如下:

$$density = \frac{l}{n(n-1)/2} \quad (1-10)$$

其中,l 是焦点节点邻接点之间的实际边数,n 是该自我网络的网络规模,密度的取值范围是 [0,1]。需要指出的是,有向图与无向图不同,其最大可能连接数是 $n(n-1)$,因此公式的分母需要进行相应修改。

以图 1-8 中无向网络为例,B 点的自我网络密度为 $\frac{2}{2\times3} = \frac{1}{3}$。

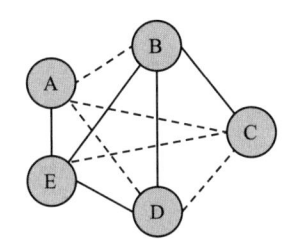

图 1-8 自我网络密度计算示意

由于大部分密度的测度与规模相关,因此规模相差较大的各类网络之间的密度是难以比较的。为解决这一问题,人们提出了绝对密度的概念。为了消除规模在密度中的影响,我们需要在本来密度的基础上在分母中消除规模的作用。在三维图中,绝对密度被定义为实际的连接数与三维图"球体积"之比,可以写成:

$$V = \frac{4cr^3}{3d} \quad (1-11)$$

其中,d 为直径,r 为半径,c 为根据 d 计算得到的圆周长。基于此,绝对密度被定义为:

$$density = \frac{l}{4cr^3/3d} \quad (1-12)$$

其中,l 是图中实际存在的边数。在网络图中,直径 d 被定义成两个最远点之间的距离,而周长被定义成网络图的最长途径。在其他维数的网络中,根据高维体积的定义,绝对密度可以被类似地定义。

以图 1-8 的网络为例,其直径 $d=3$(AC 之间距离),周长为 5(最长途径为 AEDBC)，故绝对密度为 $\frac{5}{4\times 5\times 1.5^3/3\times 3}\approx 0.667$。

已有研究探讨了不同类型网络的网络密度对创新绩效的影响。在合作网络中，群体层面上，企业联盟的多样性促进探索性创新，而高网络密度可增强这一促进作用，同时减轻多样性带来的负面影响（Phelps，2010）。个体层面上，高密度自我合作网络意味着更高凝聚力与更多外部接触，提升创造能力（Fleming et al.，2007）。然而，高密度合作网络也可能导致关系过于紧密，形成共同规范和行为，从而阻碍外部信息流动并损害创新绩效。在竞争网络中，高密度往往与更多竞争对手相关，反而可能在封闭环境下提升创新能力。此外，高密度合作网络可能导致均衡关系失调，阻碍企业根据环境变化调整合作关系，导致网络僵化，降低不连续创新绩效（Obstfeld，2005；张晓月和雷楠楠，2023）。信息和知识的冗余性也因高密度而增加，削弱企业获取异质性知识的能力，抑制不连续创新成果。更高的网络密度还会降低企业多样性与市场进入率，通过减少竞争行动降低竞争成本（Skilton and Bernardes，2015）。因此，在追求新质生产力过程中，企业需平衡合作网络密度。一方面避免网络过于稀疏导致低效连接；另一方面防止高密度造成的资源冗余与创新僵化，从而在知识流动与资源整合之间找到最优解，实现高质量创新成果。

1.2.4　关系强度

关系强度（Tie Strength），又称连接强度，即网络中各成员之间关系的强弱。关系强度作为自我网络分析中的重要网络属性之一，被广泛用于表示网络中的关系嵌入性和结构嵌入性。社会网络的节点通过连接产生联系，连接是网络分析中最基本的分析单位。格拉诺维特（Granovetter，1973）在《弱关系的力量》（*The strength of weak ties*）中首次阐述了连接的概念，将其具体定义为接触时间与频次、情感强度、相互信赖和互惠程度四个维度构成的一个集合概念。格拉诺维特（1973）指出，人际和组织间的交流联系会形成不同的关系强度，而这些关系的强弱会影响知识的创造、获取和传递。网络关系可以区分为强关系与弱关系：强关系通常表现为经常性的互动、相互的好感以及长期合作关系，且个体间具有较高的相似性；弱关系则表现为不频繁的联系、较弱的情感和短期合作关系，个体之间相对不同。群体内相似性较高的个体往往共享相同的知识，所以通过强关系获得的资源通常是冗余的。而弱关系是在群体之间发生的，跨越了不同的信息源，能够充当信息桥的作用，将其他群体的信息、资源带给本不属于该群体的个体。

关系强度反映企业间的相互作用频率，捕捉一个指定时期内焦点节点与其直接联系之间的二元关系的紧密性。关系强度可以表示为焦点节点的总连接强度除以公司直接联系的数量。

$$tie\ strength = \frac{\sum_{k=1}^{n} \delta_{ki}}{n} \qquad (1-13)$$

其中，n 表示组织 i 直接关系的数量，δ_{ki} 表示当年 k 和 i 之间的关系强度。

以技术协作网络为例，如果 A 公司在指定时期内与 B 公司共同发明了三项专利，与 C 公司共同发明了四项专利，那么 A 公司和 B 公司之间直接联系的数量为 3，A 公司和 C 公司之间直接联系的数量为 4（见图 1-9）。因此，A 公司的关系强度就为：$(3+4) \div 2 = 3.5$。

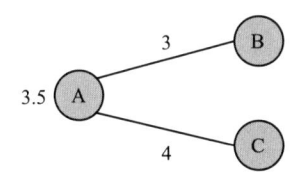

图 1-9　关系强度计算示意

此外，还有一种常见的获取方式是通过量表进行测量。谢洪明和刘少川（2007）、潘松挺和郑亚莉（2011）、解学梅和左蕾蕾（2013）均使用了此方法。

现有研究对合作关系强度与创新绩效的关系尚未达成一致，主要分为强调强关系和弱关系的两派。

强关系派以科尔曼（Coleman，1990）为代表，认为紧密的网络关系是获取社会资本的关键，有助于建立信任、降低机会主义风险，并通过合作管理促进知识获取和创新绩效提升。高强度关系可加速企业间知识共享与信息交流（Inkpen and Tsang，2005），从而提高创新效率。王晓娟（2008）指出，网络开放性越高，企业间合作机会越多，能更快获取技术和市场需求变动信息。解学梅和左蕾蕾（2013）认为，网络规模大、合作伙伴多的企业接触外部知识的机会更多，有助于把握市场动态，从而提高创新绩效。高强度关系还能促进复杂知识转移，保障产品和流程创新成功（Reagans and McEvily, 2003）。

个人层面的研究表明，强关系具有高通信频率、长持续时间和情感依恋的特征，更有利于知识转移和学习（Bouty，2000）。信任与互惠规范减少机会主义行为，提高合作意愿（Uzzi and Lancaster，2003），并降低知识转移和吸收的成本。强边还能提高复杂隐性知识和独特知识的转移效率，并改善探索性学习能力（Uzzi and Lancaster，2003）。联盟伙伴关系通过加强企业间信任与沟通，促进联合解决问题的能力，推动复杂知识和隐性知识的流动（Backmann et al.，2016）。此外，强边增加了结构洞两端知识的流动，提升社会凝聚力和创新性。

弱关系流派以格拉诺维特（1973）和辛格（Singh，2005）为代表人物，他们认为强关系网络限制了网络范围，可能导致知识和资源的冗余，形成"关系型嵌入"问题，不利于新知识的产生与传播。弱关系因其"非冗余性"特点，为企业提供获取新信息和知识的渠道，更有利于创新绩效提升（Uzzi，1997）。例如，克拉茨指出，较弱的企业间关系能够保证知识的新鲜度和灵活性，而过高的信任可能锁定企业关系，降低获取新知识的能力。此外，莫利纳-莫雷莱斯和马丁内斯-费尔南德斯（2009）发现，组织间信任对创新存在倒"U"型效应。伊利-伦科等（Yli-Renko et al.，2001）则发现，与主要客户的信任关系可能降低企业创新性。

弱关系连接以往未合作的伙伴，提供更多异质信息，对创造力有正向影响（Granovetter，1973；Perry-Smith，2006）。然而，弱关系数量与创造力的关系也可能呈倒"U"型关系（Zhou et al.，2009）。研究表明，边强度的增加超过中等水平后可能降低知识多样性，从而抑制知识创造（McFadyen and Cannella Jr，2004）。这表明，强弱关系的适当混合可能是提升知识创造的最佳方式。尽管弱关系带来异质性和独特知识，但由于缺乏信任和保障，因而难以实现深度合作和价值创造（Wang J，2016）。相比之下，强关系更能持续推动知识流动与整合，成为创新的关键。

总之，企业协同创新网络的规模、强度和开放性通过资源有效配置，推动新产品开发并提升创新绩效，在提高"新质生产力"方面具有重要作用。

知识流动形成知识流。野中等（Nonaka et al.，1996）基于OECD分类，将知识分为显性知识和隐性知识。显性知识可表达，有物质载体，传播较易；

隐性知识则蕴含于个人或组织的经验中，难以通过言语表达，传播困难。不同社会网络关系适合传递不同知识类型：弱关系有利于新知识获取，强关系支持隐性知识的传递和共享。

弱关系跨越异质群体，连接不同的信息源，促进简单信息和显性知识的传递（Granovetter，1973）。弱关系桥梁作用在显性知识的扩散中尤为重要。相比之下，强关系强调信任、稳定和合作，有助于隐性知识的传递。隐性知识通常通过直接参与和实践共享实现传播，强关系在传递高质量、复杂或隐性知识时更具优势（Hansen，1999）。然而，过于封闭的强关系可能限制新知识输入，使行动者局限于小圈子内。尽管强关系有助于知识共享和创新（Tsai and Ghoshal，1998），它也带来了成本：维护强联系增加了搜索成本，降低了获取多样化信息的机会（Hansen，1999）。在联系强度高的情境下，单位内部倾向于在组织内搜索知识而忽视外部资源，从而限制绩效提升（Hansen et al.，2005）。

总之，强弱关系各有优势，弱关系促进显性知识传播，强关系有利于隐性知识共享，但需要平衡二者关系，避免强关系过度带来的封闭性和高维护成本。

1.2.5　网络嵌入性

网络嵌入性是网络嵌入理论中的重要概念。在最初的研究当中，网络嵌入性（Embeddedness）是一个定性的概念，指的是网络中主体或者节点之间的联系，以及这些联系对网络结构与主体行为的影响程度的性质。其可以通过许多不同的指标衡量，如度中心性，接近中心性（Granovetter，1985），结构洞等。随着研究的深入，网络嵌入性被进一步细分成了各种不同的类别。其中，应用最多的分类是将其分为关系嵌入与结构嵌入两类。关系嵌入关注网络内的主体之间的关系，嵌入的强弱从它们之间的相互作用、关系强度等来考察；结构嵌入关注网络整体之间的互相关系，嵌入的强弱从网络规模、密度等来考察（Granovetter，1985）。其中，在结构嵌入的理论研究中，结构洞理论最为重要。结构洞数量的多少能够体现节点在网络中充当"桥梁"的程度（Burt，1992），学者常用其来具体地衡量结构嵌入的强度。除关系嵌入与结构嵌入的分类之外，网络嵌入性还可以分为认知嵌入性、制度嵌入性、文化嵌入性和结构嵌入性四维，聚焦于解决社会学、管理学、经济学等问题；也可以分为业务嵌入性与技术嵌入性两维，聚焦于解决企业的管理与技术实践等问题。通常，格拉诺维特（1985）的分类在应用上最广泛，除特别领域的专门问题外，一般的网络研究采取其分类标准作为网络嵌入性的衡量。

关系嵌入：网络内的主体之间的关系，依据它们之间的相互作用、关系强度等来衡量嵌入的强弱。一般研究进行实际量化时，采取组织在网络中的度中心性作为计算方法（杨博旭等，2019）。计算公式如下：

$$Deg_i = \sum_j X_{ij} \tag{1-14}$$

其中，i 为组织在网络中对应的节点，j 为网络中的其他节点；X_{ij} 为 i、j 节点之间是否存在边的二值变量，若存在取 1，反之则 0。

结构嵌入：网络整体之间的相互关系，从网络规模、密度等来衡量嵌入的强弱。一般研究进行实际量化时，采取组织在网络中占据结构洞的数量。其中，大多数研究采用伯特（1992）提出的方法，利用网络的效率来测量结构洞（杨博旭等，2019）。计算公式如下：

$$Eff_i = \sum_j (1 - \sum_1 p_{iq}) / \sum_j \tag{1-15}$$

其中，i 为组织在网络中对应的节点，j、q 为网络中的其他节点，p_{iq} 表示 i 与 q 的比例强度。

在合作网络中，结构嵌入通过多样化的知识和信息来源促进知识转移，为新质生产力的生成创造条件，从而提高企业创新绩效（Inkpen and Tsang，2005）。但也有研究指出，结构嵌入可能带来副作用。例如，组织占据过多结构洞会扩大搜索宽度，反而不利于技术创新绩效（Ahuja，2000a）。在知识网络中，结构嵌入描述了知识元素的位置特征，为组织提供更多知识结合的可能性，促进知识创新（Wang et al.，2014）。然而，过度嵌入可能导致知识网络稀疏或认知偏差，从而降低创新绩效，呈现倒"U"型关系（杨博旭，2019）。此外，结构嵌入对不同类型网络的作用表现各异：对开放式专业化网络和封闭式多样化网络具有创新催化作用，但在开放式多样化网络中可能出现信息过载，在封闭式专业化网络中可能出现过度嵌入的风险。结构嵌入还反映了网络间的关系稳定性。高水平的结构嵌入有助于维持企业联盟，降低合资企业解散风险（Polidoro Jr et al.，2011），为企业提供创新持续性支持。

1.2.6　网络规模

网络规模是社会网络的基本特征之一，衡量网络节点数量，反映网络的庞大程度。在自我网络中，节点通常指与中心企业直接或间接合作、竞争的其他企业，数量体现了中心企业关系规模。网络规模是衡量个人、企业或组织社会资源的重要指标。大规模网络（Large-scale Network）在分析上区别于小规模网络，研究重点包括网络多样性、异质性及复杂拓扑结构等，这些均依赖网络规模的性质。例如，社交软件网络和知识元素网络分析即为典型的大规模网络。

在计算上，网络规模的值即为网络所具有的全部节点数目：

$$network\ size = n \tag{1-16}$$

在合作网络中，网络规模即节点数目。更大的网络规模意味着中心企业拥有更多合作伙伴，能够接触外部信息、共享市场动态，从而促进知识转移与创新绩效提升（解学梅和左蕾蕾，2013）。新质生产力依赖于引入外部视角和新鲜元素，网络规模的扩大为此提供了基础。此外，大规模网络为中心企业带来更多社会资源和异质信息，分担创新成本与风险，提高创新绩效。网络规模的增大还能为中心企业与更多合作伙伴创造信息互补的机会，促进知识重组（Ahuja，2000b；Estrada et al.，2016；Gnyawali and Park，2009）。但规模过大、新信息减少且竞争对手增加时，可能抑制重组能力，因此网络规模对重组能力的影响呈倒"U"型。

1.2.7　同质性

同质性（Homophily）指网络中节点的性质相似性，特别是中心节点与其直接连接节点的相似性。在社会网络中，相似的节点更容易形成连接，因此同质性节点往往聚集在网络块中。然而，三元组闭合和重要中心点的闭合可能导致节点选择对象的偏差。谢林（Schelling，1971）模型描述了同质性关系块的形成，指出共享节点的规律，并通过模拟显示了网络最终分离成的静态簇形态。

同质性分析已广泛应用于社会网络研究，不同研究通常根据目的选择指标，如企业产品、技术、文化和规范等，可以通过加权量表评估网络同质性（邬爱其，2006）。

在创新网络中，高同质性可能导致企业研究内容和工作方向趋同，竞争加剧，进而影响创新绩效。从新质生产力视角看，高同质性可能使创新要素来源单一，企业间知识重组受限，创新活动局限于技术的延续性改进，缺乏颠覆性知识输出。此外，高同质性可能增加对有限资源的争夺，抑制协作创新，降低新质生产力生成能力。相反的观点认为，高同质性网络中，企业合作伙伴共享更多信息，能提高合作效率和创新绩效（解学梅和左蕾蕾，2013）。对于企业经纪人，高同质性（如专业背景、性别等）与更高创新能力正相关。

1.2.8 自我网络研究综述

从网络结构视角探讨创新产生机制是理解新质生产力的重要途径。新质生产力指整合和重组异质性知识资源，生成具有突破性和颠覆性特征的新知识、新技术或新产品的能力。网络结构中的要素，如结构洞、网络密度和知识多样性等，直接影响知识的转移、重组与创造，从而深刻影响新质生产力的生成。结构洞促进异质信息流动，提高创新者获取新知识的能力；网络闭合通过增强信任和知识共享效率，支持隐性知识的转移与融合。同时，多样性为创新提供信息来源，吸收能力决定信息整合为成果的效率。

自我网络结构的研究集中于闭合和结构洞的影响。闭合表示焦点个体的联系伙伴之间彼此连接，而结构洞表示这种连接的缺失。自我网络密度反映三元组闭合程度，结构洞度量三元组打开程度。一些研究认为结构洞通过提供异质信息途径，增加创新者的创意吸引力（Nerkar and Paruchuri，2005）；另一些研究则表明，网络闭合通过加快信息传播和提升社会资本，促进新颖想法的采纳与实施（Fleming et al.，2007）。

知识转移与创造的研究结果存在分歧。网络密度增加知识的转移与学习（Morgan and Sørensen，1999），结构洞则对个人知识创造有正向影响（Burt，2004）。由于联系强度和网络密度高度相关，自我网络的社会凝聚力与结构多样性之间存在权衡：凝聚力促进知识流动，但结构洞减少流动。

在集体层面，研究发现，异质成员组成且内部密集的团队在外部网络中寻求知识的可能性较低（Hansen et al.，2005），但内部密集结构有助于集体知识共享，特别是在成员具备专业知识时（Reagans and Zuckerman，2001）。高内部密度和异质成员组合可提升知识创造能力，因为内部流动的知识为外部知识整合提供了基础。此外，组织网络的集中化程度也影响知识流动。有研究者指出，高集中化可能通过削弱知识共享意愿阻碍内部知识转移（Tsai，2002）。

自我网络结构对知识结果的影响存在两种相互竞争的观点：结构洞强调异质信息获取促进知识创造，网络闭合则突出信任与共享机制推动知识转移与应用。每一种都由不同的因果机制将网络结构与知识结果联系起来。研究发现，支持这两种不同的观点，也因此产生了矛盾的结果。虽然研究表明企业网络中的结构洞增强了其知识创造（Baum et al.，2000），但其他研究表明，网络闭合可以提高企业创新能力（Ahuja，2000a），网络闭合增强了创新实践的传播，并转移了隐性知识。

从权变的角度思考，可能有助于调和自我网络结构研究中相互矛盾的情况，因为某些特定的网络结构不太可能普遍受益。

第一，自我网络密度的影响可能取决于知识相关任务的类型，其中结构洞有利于某些任务，密度对其他任务有利，或者在网络边界上——自我的联系人之间的密度可以加强学习和知识转移，超越网络占据结构洞的联系人可以通过确保新信息流入来促进学习和知识创造（Morgan and Sørensen，1999）。阿胡贾（2000）认为，边的类型是一个重要的调节变量：由于竞争者之间的联盟受到合作伙伴的机会主义的风险的影响，横向联盟的合作伙伴将从网络密度中受益更多，因为它阻碍了机会主义并鼓励知识共享。

第二，还有一些研究指出，知识属性也起到重要作用。现有研究主要探索了知识的属性如何影响其转移。这些研究表明，简单的、编码化的知识比复杂的隐性知识可以更容易、更有效地转移，人际关系强度提高了转移复杂知识、隐性知识和私人知识的便利性和有效性（Uzzi and Lancaster，2003）。

第三，有关研究还表明，网络连接所拥有的知识的多样性会影响知识的创造。与结构洞理论一致，当个人的直接联系是在不同的组织单元中时，个体会更多地了解他们的组织，因为这些联系人彼此没有联系并能提供关于组织的各种信息（Morrison，2002）。同样，自我网络中知识的多样性也增加了个人的知识创造，因为这种网络提供了自我获取不同知识的机会，增加了新的重组机会（Perry-Smith，2006）。其他研究考察了网络构成的调节和中介影响。通过网络密度（Fleming et al.，2007）或联系强度，社会凝聚力产生的知识流增加，增强了自我网络知识多样性对个体知识创造的正向影响。相反，一个人网络知识的多样性，可以在弱边数量影响创造力的过程中，发挥中介作用。弱边增加了结构洞并可获得多样化的知识，通过知识重组的潜力来提高创造力（Perry-Smith，2006）。这些结果也意味着广连接和结构多样性的权衡：尽管社会凝聚力增加了信息和知识流，但它减少了结构洞。罗丹和盖卢尼克（Rodan and Galunic，2004）发现个人的直接联系所拥有的知识多样性与结构洞之间的正向交互。他们指出，个体网络中的知识多样性及其结构洞使他们既能够将信息区分开，又能将与结构洞相关的社会控制收益区分开。相比之下，更大的自我网络密度和更多不同专业知识的联系人可以增加个人的知识生产，因为网络密度有利于网络成员之间的信任和互惠，从而增加了他们分享各种知识和信息的意愿（Fleming et al.，2007）。

第四，一个接收单位的吸收能力提高了知识转移以及利用知识流入创造知识的能力。同样，接受者的知识深度增加了接受知识的动机和能力，从而提高了转移的效率（Gupta and Govindarajan，2000）。网络中接受者的知识深度为其提供了更多以新颖的方式重新组合这些知识的机会，从而增加其创新性。接受者还可以从具有深厚专业知识的资源中受益，因为他们在转移知识方面更有效（Salomon and Martin，2008）。具有重要和独特知识的接收单位拥有更强的专业知识能力，可用于诱导其他单位向其传递知识。相反，如果拥有组织上独特知识的单位与其他单位具有很强的相关性，那么其会号召更多的单位转移它的知识。具有丰富知识的单位具有很强吸引力，与没有知识优势的单位相比，他们对知识有更大的需求（Gupta and Govindarajan，2000）。最后，一些研究表明，组织的功能、职能和其他人口特征的多样性降低了单位的创新性（Lovelace et al.，2001）。一项元分析研究发现，拥有更多不同信息资源的团队成员不太可能相互分享信息（Mesmer-Magnus and DeChurch，2009）。相反，韦斯特和安德森（West and Anderson，1996）发现团队认知多样性对团队创新没有影响。另一个元分析表明，与团队成员相关的工作（如职能、任期等）多样性对群体创新能力有正向影响，而年龄、性别或种族差异有负向影响。同样，在成员地点、职能角色和主管方面的多样性增加了团队在团队之外获得各种知识来源的机会，因为不同成员拥有不重叠的外部联系，这增加了外部知识共享对团队问题解决的正向影响。最后，单位知识多样性的效用取决于单位正在解决的问题类型：相对于同质群体，具有不同能力的单位可以找到更好的解决跨功能问题的方法，但随着问题复杂性的增加，这种优势会消失。采用网络观点的研究表明，一些相互矛盾的结果可能通过多样性的调节作用而得到调和。尽管组成不同的单位可以更多地接触到团队以外的各种信息，但他们可能会因无效的沟通和协调而受到影响，从而降低他们使用各种知识的能力（Reagans and Zuckerman，2001）。具有内部密集网络的团队可以克服这些问题，具有内部密集联系和跨越不同外部知识的团队更具创新性。

1.3 创新网络——整体网络视角

1.3.1 聚类系数

聚类系数源自社会学中的"可传递三元组比率"，用来描述网络局部特征。某节点的局部聚类系数量化了其邻居节点相互聚集构成团的程度（陈伟等，2012），并捕获网络的内聚程度。对节点而言，高聚类系数代表节点的邻接点具有很好的连通性。网络可以是整体稀疏但具有高聚类系数的（Schilling and Phelps，2007）。在社会关系网络的语境中，可以理解为某人的朋友是否互相认识，由此会产生小团体现象。

（1）加权总体聚类系数为闭合三元组的个数除以三元组总数：

$$C = \frac{number\ of\ closed\ triplets}{number\ of\ all\ triplets(open\ and\ closed)} \quad (1-17)$$

文献中常用的计算方式如下（Borgatti，2002）：

$$clustering = \frac{3 \times (number\ of\ triangles\ in\ the\ graph)}{number\ of\ connected\ triplets} \quad (1-18)$$

其中，*triangles* 是三个节点（如 i、j、k 的集合），节点间两两相连。而 *connected triplets* 中，至少有一个节点连接到其他节点，即 i 与 j、k 连接，j 与 k 则不需要连接。分子中的 3 确保值严格位于 0 和 1 之间，因为每一个三角形包括三个闭合三元组（每个节点中心为一个）。

（2）局部聚类系数：邻域内节点之间的连边除以它们之间可能存在的连边数量。瓦茨和斯特罗加茨（Watts and Strogatz，1998）首次引入该方法判断小世界性。

令局部聚类系数为 C，假设顶点 V 有 Kv 个邻居节点，则邻居节点之间最多可以存在 $Kv(Kv-1) \div 2$ 条边，假设 Cv 为实际存在的边，对于无向图而言，有：

$$C = \frac{2Cv}{Kv(Kv-1)} \quad (1-19)$$

例如，在图 1-10 中，$C(A) = \frac{1}{3 \times 2 \div 2} = \frac{1}{3}$，$C(B) = 1$，$C(C) = \frac{1}{2 \times 1 \div 2} = 1$，$C(D) = \frac{1}{2 \times 1 \div 2} = 1$

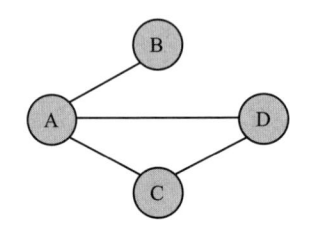

图 1-10　局部聚类系数计算示意

对于有向图而言，有：

$$C = \frac{Cv}{Kv(Kv-1)} \quad (1-20)$$

（3）全局聚类系数：将所有节点局部聚类系数的平均值作为网络整体聚类水平，代替全局聚类系数。例如，图 1-10 中，$C = \left(\frac{1}{3} + 1 + 1 + 1\right) \div 4 = \frac{5}{6}$。

但是，该公式不适用于有孤立顶点的网络。凯泽（Kaiser，2008）的研究表明，把孤立节点的局部聚类系数设置为 0 会影响全局聚类系数，并且不同的计算方式（如在计算整体聚类水平时包括或不包括孤立点）会影响小世界特征，因此他建议应当提供计算方式和孤立节点的信息。

高聚类系数通常意味着网络中存在多个集群，伯特（2001）指出，集群的密集连接性为网络创建了传输容量。新质生产力，即通过异质性知识整合实现颠覆性成果的能力，得益于集群结构带来的知识共享与协作优势。希林和菲尔普斯（Schilling and Phelps，2007）基于对 11 个行业联盟网络 1 106 家企业的专利绩效研究发现，密集局部聚类通过促进交流与合作提升信息传输能力。高聚类系数的创新网络中，研发小团队数量增多，有效提高了嵌入企业的创新绩效。集群结构同时提供了本地优势和全球优势。一方面，密集集群加快了信息获取速度，增强信息理解深度；另一方面，稀疏连接的集群间网络维持了知识多样性，为知识重组提供了基础。这是因为每个集群形成的初始条件不同，各自的知识网络往往异质，企业可以从其他集群的网络成员处获取多样信息，实现知识创造（Schilling and Phelps，2007）。需要注意的是，对单个集群而言，过于密集的连接可能并非完全有利（可参考高网络密度的相关分析）。朱晋伟和原梦（2023）指出，网络整体聚类系数对企业技术创新绩效具有正向影响。张永安和李晨光（2010）通过对中关村产业集群的仿真与实证研究发现，适度的聚集程度能够优化创新网络资源利用。此外，沙尔玛等（Sharma et al.，2019）研究表明，买方—供应商网络的平均聚类系数与国际业务绩效之间存在"U"型关系，表明适度的聚类程度在网络结构中至关重要。

1.3.2　整体网络密度

网络密度既刻画了网络中各节点之间关联的紧密程度，也代表团队成员彼此关系的平均强度（张鹏程和彭菡，2011）。网络密度还表示围绕连接双方存在强的第三方联系，如 i 与 q 连接，q 与 j 连接，那么强的第三方联系会使 i 间接联系到 j（Reagans and McEvily，2003）。围绕连接双方的第三方联系越多，网络密度越高（朱亚丽等，2011）。

（1）对无向图而言，有：

$$density = \frac{2L}{g(g-1)} \quad (1-21)$$

根据沃瑟曼（Wasserman，1994），其中 L 表示网络图中线的数目，g 表示网络中节点的数目。例如，在图 1-11 中，$density = \frac{2 \times 4}{4 \times 3} = \frac{2}{3}$。

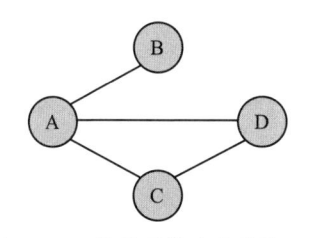

图 1-11　整体网络密度计算示意

(2) 对有向图而言，有：

$$density = \frac{L}{g(g-1)} \quad (1-22)$$

其中，L 表示网络图中线的数目，g 表示网络中节点的数目。

克拉赫特（Krackhardt，1999）提出的最佳黏性原理认为，适中的组织密度更有利于创新扩散。伦德斯等（Leenders et al.，2003）研究发现，网络密度和组织创造力呈倒"U"型关系，过高或过低的网络密度均会削弱创造力。张鹏程和彭菡（2011）在科研合作网络中发现，高网络密度导致知识同质化和冗余化，容易导致群体思维，抑制创新力（Granovetter，1973；Uzzi and Spiro，2005）。此外，高密度网络可能增加知识溢出风险，削弱创新创造的动力。然而，科尔曼（1988）的社会资本理论认为，高网络密度通过建立信任和合作规范促进知识共享，提升创新能力（Gulati，1995；Uzzi，1997）。弗莱明等（Fleming et al.，2007）对 35 400 个合作发明人专利的分析表明，高密度网络为企业间的隐性知识转移提供了支撑，促进了创新活动。

高网络密度对新质生产力的形成具有积极作用。网络密度通过强化声誉机制和合作规范，为知识高效流动和协同创新提供了基础（Reagans and McEvily，2003）。声誉机制确保企业在拒绝合作时面临惩罚，而合作规范增强了知识发送者的信心，限制竞争对知识转移的负面影响（Coleman，1990；Ingram and Roberts，2000）。朱亚丽等（2011）以通信电源产业的 199 家企业为样本，发现网络密度对知识转移双方意愿有显著正向影响，并通过增强信任和减少风险担忧促进了知识转移效果。英格拉姆和罗伯茨（Ingram and Roberts，2000）研究了悉尼酒店业友谊网络，发现嵌入友谊网络的管理者通过分享顾客信息和经营经验来提升盈利能力。

综上所述，网络密度既有促进知识流动的潜力，又需警惕其可能导致的知识同质化和创新抑制。适度的网络密度管理对企业创新和知识转移至关重要。

1.3.3 平均路径长度

平均路径长度，也称平均地测距离（Average Geodesic Distance），一般被定义为合作网络中所有节点对之间的平均最短距离（钱燕云等，2008）。两节点间的距离一般被定义为连接两节点的最短路径的边数（钱燕云等，2008），其中所有节点对之间的最大距离称为网络的直径（Newman，2003）。平均路径长度描述了网络节点的疏密程度（朱晋伟、原梦，2023），可表示网络中信息流的传递速度和质量（Oliveira and Gama，2012），即一个个体平均经过多少步才能到达另一个个体。

当一个网络只有一个连通分量（Connected Component）时，平均路径长度通常的计算方式如下（Oliveira and Gama，2012；赵炎和郑向杰，2013）：

$$PL = \frac{1}{\frac{1}{2}N(N-1)} \sum_{i \geq j}^{n} d_{ij} \qquad (1-23)$$

其中，N 为网络中节点数量，d_{ij} 为 i 节点与 j 节点间的最短路径长度。例如，图 1-12 所示的网络中，$PL = \frac{7}{6}$。

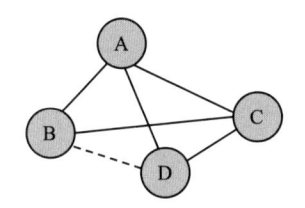

图 1-12 平均路径长度计算示意

当一个网络有两个以上的不连通子网络时，式（1-24）更适用。因为当没有连接两个顶点的路径时，平均路径长度被定义为无穷大（Newman，2003）。

$$PL^{-1} = \frac{1}{\frac{1}{2}N(N+1)} \sum_{i \geq j}^{n} \frac{1}{d_{ij}} \qquad (1-24)$$

已有研究主要从合作网络角度探讨平均路径长度对创新绩效的影响，多数研究认为二者负相关。弗莱明（2007）基于对 1975~2022 年美国专利数据的研究发现，较短的路径长度对专利产出有显著积极效应。辛格（2005）指出，直接连接提升企业间复杂知识传递水平，有助于提高创新绩效。考恩和乔纳德（Cowan and Jonard，2009）的网络模型显示，缩短网络距离有利于促进创新溢出，使发明者更易接触异质知识，提升创新能力。科尔曼（1988）认为，过大的路径长度使发明人之间关系松散，信息传递困难，创新绩效受损。此外，合作网络稀疏会削弱发明人之间的信任，增加探索式创新难度

(Uzzi，1997）。艾巴迪和厄特巴克（Ebadi and Utterback，1984）从研究者合作网络视角出发，发现较短路径长度下，可以通过提高深度交流次数促进创新绩效。

然而，部分研究提出相反观点。较大的平均路径长度虽减缓信息传递，但有助于多样化知识获取（Lazer and Friedman，2007）。朱晋伟和原梦（2023）指出，较长路径长度代表网络复杂性增加，促进网络外部效应和内部知识多元化，从而推动技术创新。同时，路径长度的增加使研究人员间连接更多，交流和知识共享渠道更广，进一步提升网络整体创新绩效（朱晋伟和原梦，2023）。莱泽和弗里德曼（Lazer and Friedman，2007）从结构洞理论指出，较大的平均路径增加信息多样性，减少集群干扰，使发明人通过"平行式问题解决"提升创新性（Ebadi and Utterback，1984）。费尔斯帕根和杜斯特斯（Verspagen and Duysters，2003）认为，平均路径长度和社会资本（密度）存在权衡，短路径集群的社会资本较低，可能抑制创新能力。

较短的平均路径长度提升了知识扩散效率，为新质生产力的形成提供了关键支持。新质生产力强调知识的创新性组合与重组，而知识的快速流动与整合是实现这一目标的重要基础。较短路径通过缩短节点距离、显著提升隐性知识与复杂知识的传递效率，对新质生产力产生深远影响。隐性知识作为企业知识的主要部分，其高效传递对企业创新尤为关键。

孙耀吾和卫英平（2011）指出，较短路径减少了企业间知识扩散的时滞，加速了知识传播，提高了联盟内知识扩散水平。赵炎和郑向杰（2013）发现，较短路径增强了联盟成员间的信任和知识理解能力，减少了知识转移的不确定性，提升了知识转移绩效。辛格（2005）通过实证研究发现，人际网络中的直接连接有助于复杂隐性知识的高效传递，其他研究也支持短路径对隐性知识扩散的积极作用（Centola and Macy，2007；Reagans and McEvily，2003；Uzzi and Lancaster，2003）。

张永安和李晨光（2010）提出，平均路径长度与创新资源利用率之间呈倒"U"型关系。在一定范围内，较短路径有利于促进节点间资源沟通并降低成本；但过短路径会加剧节点间的资源争夺，不利于创新资源的优化利用。因此，存在适宜的路径长度，使创新资源在网络中实现最佳利用。

1.3.4　小世界性

小世界性网络被定义为由局部密集的相互关系聚集体构成的网络（Fleming

et al.，2007）。小世界性概念最早由米尔格拉姆（Milgram，1967）提出，他通过"米尔格拉姆实验"验证了小世界效应的存在。实验发现，通过平均6个中间人即可实现人与人的联系，从而形成"六度分离"原则。瓦茨和斯特罗加茨（1998）构建了小世界网络模型，推动了该领域的研究。他们认为，小世界网络同时具有高聚集系数和短平均路径：节点与周围节点紧密连接，同时，通过少数节点即可到达网络中其他节点。小世界网络被认为是提高信息传递效率的重要结构（Newman，2003）。它揭示了现实网络中一种高效的信息传递方式，即高度聚集的局部连接结合产生短路径的随机长距离连接。

实证研究表明，许多现实网络表现出小世界特征，如企业技术创新合作网络（陈子凤和官建成，2009a；钱燕云等，2008）、企业集群创新网络（黄玮强等，2011）、科研合作网络（Fleming et al.，2007）、好莱坞演员合作网络、美国公司董事会网络（Verspagen and Duysters，2003）。

聚类系数和平均路径长度是考察网络小世界性现象的两个重要指标。研究者将实际网络的平均路径长度（PL）和聚集系数（CC）与一个同等规模的随机网络相对比，以判别一个网络是否具有小世界特性。二者平均路径长度（PL）的比值（实际网络的PL与随机网络的PL的比值，记为PL ratio）越接近1，同时聚集系数比值（实际网络的CC与随机网络的CC的比值，记为CC比值）超过1越多，则该网络的小世界性越显著（Watts，1999）。

乌齐和斯皮罗（Uzzi and Spiro，2005）在其研究中定义了小世界商数，用以描述小世界性的显著程度。小世界商数为：$Q = \dfrac{CC\ ratio}{PL\ ratio}$。小世界商数越大，则网络小世界性越强。

现有研究普遍认为合作网络的小世界性对创新绩效具有积极作用（Cowan et al.，2004；Verspagen and Duysters，2003；Watts，1999）。小世界网络通过高聚集系数和短平均路径长度，平衡了信息传递效率与信息多样化，从而增强创新产出。高聚集系数促成紧密集群的形成，提高了信息交流效率和质量（陈子凤和官建成，2009a）；短平均路径长度促进集群间多样信息的高效传播，弥补了紧密网络对信息多样化的不利影响（Schilling and Phelps，2007；Uzzi and Spiro，2005；Lazer and Friedman，2007）。

实证研究表明，小世界性网络能显著提升创新绩效。乌齐和斯皮罗（2005）分析百老汇音乐剧创作网络，发现小世界性对音乐剧经营和艺术成就有积极影响。希林和菲尔普斯（2007）研究产业战略联盟网络，证实小世界性使企业更易获取非冗余创新知识，提升创新产出。陈子凤和官建成（2009a）从国家层面验证研发合作网络的小世界性对创新产出的促进作用。

然而，过度集群化可能带来消极效应。考恩等（2004）指出，虽然集群化可以提高知识转移效率，但过多聚类会导致创新知识冗余，抑制创新能力。在集群外建立新连接以获取异质知识对创新能力提升尤为重要。乌齐和斯皮罗（2005）进一步发现，当小世界性商数 Q 过大时，小世界性对创新绩效的促进作用开始减弱。网络内聚性和连通度过高会加速同质化信息传播，抑制个体的独特创意，从而降低创新绩效。

小世界性网络以其高效的知识扩散能力对新质生产力的形成与发展产生深远影响。新质生产力通过跨界整合与创新性组合创造新的生产要素或资源利用方式，而小世界性网络在知识连接与传播中展现出独特优势。大部分研究支持小世界性网络在知识扩散方面的显著作用。金和朴（Kim and Park, 2009）认为，小世界网络是知识扩散最平均且高效的网络结构类型。黄玮强等（2011）发现集群网络中的小世界性通过长距离连接缩短了子群间距离，提高了知识扩散效率。孙耀吾和卫英平（2011）通过高技术企业联盟的知识扩散模型，提出小世界性显著提高了联盟成员间知识交流频率，促进了知识在网络中的快速扩散。考恩等（2004）指出，知识扩散程度明显受网络结构影响，小世界区域中的知识扩散更全面，但这种优势需要时间显现。乌齐和斯皮罗（2005）研究了 1945~1989 年百老汇音乐剧创作者网络，发现显著的小世界性通过增强集群间连接，提高了团队创意在网络中的扩散水平。

1.3.5　整体网络研究综述

创新网络为新质生产力的形成提供了重要结构基础，其特性显著影响知识的获取、传播与整合效率。新质生产力的核心在于异质性知识的高效整合，网络密度、路径长度和小世界性在知识流动中起关键作用。高密度网络加速信息传播，但可能限制信息多样性；小世界网络通过局部聚类和长距离连接的平衡，为知识重组和跨界创新提供理想条件。此外，组织的吸收能力和协作经验进一步优化了知识流动路径，使企业能高效利用外部资源，转化为新质生产力。

研究表明，网络密度提高了信息传播速度、范围和保真度，促进创新扩散并提升成员创新能力（Singh，2005）。网络平均路径长度的减少增强了网络连接性，提高了成员创新绩效（Fleming et al.，2007）。当网络通过"广泛桥梁"连接原本不连通部分时，创新扩散更迅速、广泛（Centola and Macy，2007）。

在组织层面，少量研究探索了整体网络结构对知识结果的影响。仿真研究显示，密集结构提升了信息扩散速度，但可能减少信息多样性，从而影响创新性能。而"小世界"结构通过平衡局部聚类和短路径长度的对立力量，改善了组织创新（Schilling and Phelps，2007）。局部聚类促进社会凝聚力和知识共享，而短路径长度允许不同聚类间知识扩散。然而，过度聚集可能因社会凝聚力过高和信息多样性降低，抑制组织创新（Uzzi and Spiro，2005）。

一些研究探讨了整体网络影响中的调节变量，特别是组织吸收能力对知识结果的影响。研究一致表明，吸收能力提升了组织利用合作伙伴多元化专业知识的能力，提高了知识转移和创造的有效性。组织通过接受新想法并尝试不同创新方法，增强了向合作伙伴学习的能力。

吸收能力影响知识接收能力和使用能力，传播能力决定知识传播的效率。创新供应商的技术经验多样性增强了解决方案开发能力，提高了客户采用创新的可能性。然而，客户多样性过高可能降低供应商向客户学习的能力。只有当组织学习能力提升时，知识传递效率才能提高（Zhao and Anand，2009）。

此外，合作经验积累可增强协作能力，增加从合作关系中获取知识的收益。协作能力帮助组织高效搜索现有关系，获取新知识。然而，联盟经验的增加可能使知识创造和研发绩效的回报递减。

总之，知识如何影响经济组织和绩效，以及如何管理知识，已成为多个学科的重要研究主题。在过去20年中，顶级管理学、经济学、心理学和社会学期刊中，知识相关研究显著增加，运用创新网络视角推动创新发展是未来研究的重要方向。

1.4 创新网络的内外部视角

对创新网络的研究主要有两种观点：一是关注企业内部资源，如员工和知识等内部要素（许庆瑞和蒋键，2005）；二是将企业视为网络组成部分，研究上下游企业、同行业竞争者、高校、科研机构等外部网络要素对创新的影响（李雪松，2022）。这种多层次网络分析方法将微观视角与宏观视角相结合，涉及企业嵌套式网络系统。基于此，创新网络的研究主要集中在两个方向——企业内部网络（研究内部创新要素与绩效的关系）和企业外部网络（探讨外部要素及其对创新绩效的影响）。

新质生产力的形成反映了内外部网络协同作用的价值。新质生产力依赖于知识的跨界整合与多维度重组，而内外部网络为这一过程提供关键支持。从外部网络看，企业通过嵌入多样化创新生态系统，与上下游合作伙伴、高校和科研机构形成联系，获取异质性资源，增强知识整合能力，从而推动新质生产力（Baum et al.，2000）。从内部网络看，高效的信息传递和协同机制优化资源配置与知识共享，形成创新合力。这种内外部网络的协同作用既加强了企业内部创新要素的协作，又在外部网络支持下放大了创新成果。新质生产力的提升既需要外部网络提供异质性资源，也依赖内部网络的高效运作以实现知识的转化与价值释放。

外部创新网络研究关注企业作为节点间的合作和互动关系，重点分析中心性、结构洞和自我网密度等对创新绩效的影响。研究表明，企业创新网络的关系强度与创新绩效正相关，网络规模、同质性和强度也有类似关联（解学梅和左蕾蕾，2013）。低密度网络提供多样化、非冗余信息，有助于企业识别机会与威胁，提高创新绩效（Baum et al.，2000）。同时，闭合网络增强新颖想法的传播与隐性知识的转移，有利于创新（Dyer et al.，2018）。作者团队的研究发现，网络成员技术接近性会影响合作创新能力，文化距离和地理距离起调节作用（Guan and Yan，2016）。此外，网络关系资本对利用性创新有积极作用，但对探索性创新有负向影响；网络稳定性、密度和异质性对两者均有促进作用，而局部联盟网络中的适度冗余有助于开发性创新和探索性创新的产出（Yan and Guan，2018）。

内部创新网络关注企业内部单元间的联系，将网络视为内部节点的组合，通过多种形式的联系促进共同目标的实现。研究表明，组织内部网络有助于创造新知识并提升创新绩效（Kogut and Zander，1992）。高密度网络联系的组织单位生产率更高（Reagan and Zuckerman，2001），跨职能团队的网络结构形式促进创新要素协同（许庆瑞和蒋键，2005）。有研究者还研究了知识产权保护环境下跨国公司子公司网络关系（Yan et al.，2022），以及发明人在创新网络中的双重嵌入与双元创新的关系（Yan et al.，2019）。

对内部创新网络的结构属性的研究主要集中于其整体指标，如小世界特性。乌齐和斯皮罗（2005）发现，百老汇音乐艺术家网络的小世界特性会影响其创造性。与企业外部网络相比，对内部网络的系统研究还比较少，单独从实证角度研究内部网络的文献也相对较少（任胜钢等，2010）。从组织学角度看，更多的研究是与有机结构、扁平化、分权化等联系在一起的；从社会学角度看，相关研究以从网络视角分析内部社会关系为代表，关注的是内部单元或个人之间的关系对组织的影响。

第 2 章

多重创新网络

2.1 合作网络

在新质生产力视角下,企业间合作网络的动态特性为知识高效流动和持续创新提供了独特支持。新质生产力通过知识的跨界整合与多维重组推动经济和技术的突破性创新。合作网络的高密度特性加速了知识扩散与隐性知识共享,网络中心性优化提升了资源获取路径,而跨组织边界的连接增强了企业接触异质信息的能力。这些网络属性共同作用,不仅提升了产业链协同效能,使企业在动态外部环境中保持创新活力,还揭示了合作网络在知识转移与创新中的核心地位,同时丰富了新质生产力理论内涵。

研究表明,合作网络是信息获取、资源识别和机会利用的重要来源(张鹏程和彭菡,2011)。合作网络从最初的个体关系逐步扩展至个人、组织和团体间的联系,并成为创新活动中的核心要素。合作网络通过成员间的资源共享和相互联系,降低市场交易中的不确定性和交易风险,同时避免纵向一体化成本,使成员在信息共享、资源开发、市场进入和技术共同开发等方面获得竞争优势。

本研究将合作网络定义为社会行为者(包括个人、企业和国家)之间合作关系所形成的网络。合作网络不仅为成员带来资源,还通过关系规范限制其行为,促进成员间的协同与互利,从而推动新质生产力的发展。

网络位置捕捉了网络成员与其他人的接近程度,通常通过度中心性来衡量,即个人与网络中其他人直接相连的程度。直接联系因通信频率更高、信息保真度更高，被认为有助于知识共享和创新（Singh，2005；刘娜，2017）。然而，一些研究发现，度中心性存在倒"U"型效应，即更多联系带来的成本可能超过其收益（McFadyen and Cannella Jr，2004）。这种效应在企业间伙伴关系的研究中也有体现。尽管通常认为更多合作伙伴可以提升创新绩效（Ahuja，2000b），但过度依赖知识合作伙伴可能导致递减效应，并最终对知识创造产生负向影响（Rothaermel and Alexandre，2009）。研究还表明，伙伴关系的深度和知识多样性比关系数量更能影响创新绩效。因此，合作伙伴数量并不足以充分代表组织获得的知识数量、质量和多样性。权衡关系的数量与深度，以及控制成本，可能是优化创新绩效的关键。

边的强度用于描述网络中成员间联系的紧密程度。强边通常以高通信频率、长期合作和情感依赖为特征，被认为能够比弱边更有效地促进知识转移和学习（Bouty，2000）。研究表明，强边通过建立信任和互惠规范，减少机会主义行为，提升合作预期和知识共享意愿（Uzzi and Lancaster，2003）。此外，强边提高了复杂隐性知识和独特知识的转移效率，促进了探索性学习和创新能力（Reagans and McEvily，2003；Uzzi and Lancaster，2003）。强边的社会凝聚力使个体更容易与拥有不同知识的合作伙伴共同创造知识。组织间的强关系可以增加信任，发展关系资本和更深度的互动，有助于知识转移与创新（Simonin，1999）。关系持续时间越长，企业对知识的理解和本地适应能力越强，越有利于改善知识转移和创新的效果。尽管如此，关于边的强度对知识创造的影响仍存在矛盾。大多数研究支持强边的正向作用，认为强关系增加了知识分享动机，但也需警惕强边可能带来的过度依赖风险。综合来看，强边对知识分享的影响在于其提供了深度信任和高效的知识共享通道，促进了组织间学习和实践的扩散。

相似性研究将节点相似性定义为直接联系中两人在社会上的接近性，并探讨竞争力、地理位置、专业知识、地位和个性等维度的邻近（接近）对知识结果的影响。地理邻近对知识成果的影响显著，但复杂。地理邻近提高了沟通效率和知识转移效率，但区域内的知识同质性较高，可能降低知识的新颖性与实用性（Gittelman，2007）。地理上密切的合作者所创造的知识更可能作为新技术的基础，但远距离合作的知识更常被其他科学家使用（Gittelman，2007）。当合作者属于同一组织或有合作经历时，地理距离对知识转移的负面影响减轻（Salomon and Martin，2008）。专业知识、地位与性格相似性也影响知识转移。专业知识相似的成员交流更有效,知识转移的成本低于预期收益,增加分享和吸收动机(Black et al., 2004)。地位相似性提升了接受知识的意愿,但地位差异可能导致高地位成员拒绝低地位成员的分享(Black et al., 2004)。性格相似性则通过增强信任和相互认同,提高知识共享和接受动机。社会接近性描述参与者网络关系的相似性。等价性可增加成员模仿和学习动机,促进创新和知识转移。然而,当组织单位竞争资源时,知识分享动机会降低,知识转移成本会增加。团队成员间的沟通频率和信息共享则提升了知识转移效率。

研究表明,组织的网络位置和地理位置会影响知识创造。在地理分散的企业联盟网络中,中心地位显著提高了知识创造(Owen-Smith and Powell, 2004),但在地理邻近的企业网络中,中心性影响较小或不显著。地理邻近促进知识扩散,因为员工流动和非正式社交网络增强了知识共享。然而,在地理分散的组织中,这些非正式渠道变得不可行,正式知识共享网络的核心地位更为重要。这表明,地理分散的中心性和集体组织的中心性在知识创造中具有部分替代性。

关于合作伙伴差异对知识转移和创造的影响,研究结果存在分歧。组织向知识基础相似且互补的伙伴学习的能力更强,而国家或组织差异可能降低知识共享能力(Simonin, 1999)。中等程度的知识差异最有利于知识转移和创造:高知识重叠缺乏学习空间,低知识重叠则阻碍沟通和学习。罗森科普夫和阿尔梅达(Rosenkopf and Almeida, 2003)发现,知识差异对知识转移无显著影响。相比之下,合作伙伴产品市场的相似性常阻碍知识转移和创造,因竞争关系导致知识保护(Baum et al., 2000)。此外,行业间联盟提供了比行业内联盟更为多样化的知识,从而提高企业的创新绩效。

一些权变研究发现,网络位置的影响可能依赖于联系是否跨越组织边界。研究发现,跨组织边界的联系有助于提升个人创造性,因为外围人员能获取多样化信息(Bouty, 2000)。然而,涉及跨组织竞争关系的个人会减少知识分享动机,尤其在技术变化快的行业中,竞争对手更倾向于保护创新成果。单位的网络中心性对绩效的影响取决于吸收能力。吸收能力弱的单位维持多种关系的成本可能超过收益。此外,知识的性质也决定了网络联系的价值。直接联系对隐性知识的转移效率更高,但对编码知识的转移成本可能超过其收益,因为编码知识可通过其他途径有效传播(Hansen, 2002)。一项多层次元分析表明，跨越组织边界的非正式个人合作对外部知识获取更有效，而正式的基于合同的组织间关系效果有限。这强调了区分正式和非正式关系以更好地理解网络对知识结果影响的重要性。

2.2 知识网络

在新质生产力视角下，合作网络与知识网络的双重嵌入为创新者提供了新的动力机制。新质生产力通过知识要素的深度重组与资源的高效整合，实现经济和技术领域的突破性发展。在合作网络中，企业通过强化协作与共享资源来优化知识转移路径，从而提升创新效率；知识网络则通过知识元素间的耦合，形成独特的知识生态体系，激发新知识的创造潜力。这种双重嵌入模式扩大了知识流动的广度与深度，为企业在多变市场中保持竞争优势提供了支持，并成为新质生产力形成的关键环节。

近年来，研究开始关注创新者在合作网络与知识网络中的双重嵌入。与合作网络专注于合作关系不同，知识网络由知识元素之间的耦合作用构成（Yayavaram and Ahuja, 2008; Wang et al., 2014）。研究表明，企业知识库结构包括内部知识网络和产业级外部知识网络，对企业创新绩效有重要影响。然而，当前对企业知识网络结构的研究仍处于起步阶段。

创新者的活动双重嵌入于合作网络和知识网络。知识网络的概念可分为广义和狭义两种（赵蓉英，2007）。广义上，知识网络是参与者在创新活动中与其他成员基于知识活动建立的关系网络，其目的是知识创造。知识基础观认为知识资源是创新者的重要资产。知识来源包括创新者的独立研究、积累及外部合作。

狭义上，知识网络聚焦于创新者的"知识库"，将其视为竞争优势的重要来源。知识库由多种知识元素以耦合方式组合而成，反映了知识系统的结构维度。知识网络是由知识元素之间的共现关系构成的网络体系，与合作网络不同构。本研究采用狭义定义，关注知识元素的组合关系及其共现模式。知识网络是基于知识管理环节构建的创新网络体系，为知识产生、交流与转移提供支持。

知识库可以被描述为一组元素或离散的知识片段（Fleming, 2001）。由于知识库可被视为网络，因此可将组合视为知识元素之间的连接。知识搜索的效率可能受研究人员知识元素结构特征的影响，从而对知识创造产生显著影响。

知识创造是指发明的新颖性（McFadyen and Cannella Jr，2004）。基于以前的理论，一方面，新的知识创造被认为是一个路径依赖过程（McFadyen and Cannella Jr，2004）。搜索新知识的范围和方向由当前的知识网络形成。另一方面，合作网络对新知识也是至关重要的，因为知识组合受网络成员的联系影响（Wang et al.，2014）。个人是知识创造的基本单位。没有个人，组织就不能创造新的知识。

在知识型社会中，知识被认为是经济增长的重要来源和可持续竞争优势的主要来源。学者们研究了合作网络对知识创造的影响（Abbasi et al.，2011；Ahuja，2000a；Reagans and McEvily，2003），包括个人直接关系（McFadyen and Cannella Jr，2004）、网络凝聚力、范围（Reagans and McEvily，2003）、结构洞（Burt，2004，2005）、网络配置等方面。研究成果为研究知识创造提供了重要的社会网络视角。然而，对合作网络的强调未考虑知识创造环境的多重网络的现实，如合作网络和知识网络在知识创造中的相互作用（Phelps et al.，2012）。

涉及知识创造的多重网络很重要。许多研究已经考虑了单一类型的网络，但忽略了参与者通常参与多种不同类型的关系和网络的事实（Phelps et al.，2012）。只有同时考虑多个网络，研究人员的表现和网络之间的关系才能被充分理解（Mu，2014）。网络作为知识创造的一个场所，提供了异构知识和信息（Mu，2014；Powell et al.，1996）。雅雅瓦拉姆和阿胡贾（Yayavaram and Ahuja，2008）在研究中表示，研究人员的知识基础可以被认为是一个知识网络，知识元素之间的耦合是一个纽带。知识创造可以被认为是不同知识流的重组。由于个人可以被视为知识库，因此知识库中的知识结构极大地影响了参与者获取和吸收新知识的能力。因此，研究者的知识创造过程不仅与合作网络有关，也与由知识单元组成的知识网络有关（Phelps et al.，2012；Wang et al.，2014）。

在知识网络中，节点代表研究人员的知识元素。知识网络可以记录元素的组合历史，其中元素的结构特征表明它们的重要性和组合潜力（Fleming，2001）。同时，根据知识组合理论，激发新知识的搜索过程通常涉及知识元素重组（Fleming，2001；Schilling and Phelps，2007）。因此，研究者的知识元素的网络特征决定了知识搜索的有效性，并且显著影响未来的创新潜力（Wang et al., 2014）。同时，基于社会网络理论，合作网络中互补技能的利用影响着知识网络中知识搜索的效率。

共现关系是强关系，需要彼此高度相关的知识元素（Boschma et al., 2014）。具体而言，知识网络中共现的知识元素相互关联并融合，以解决共同的问题。发明人的知识网络的度中心性显示了其知识元素与其他知识元素的组合潜力（Yayavaram and Ahuja, 2008）。当其知识元素与其他知识元素形成大量联系时，发明人在知识网络中占据中心位置，这意味着发明人可以容易、便利地访问和接触广泛的知识元素。

知识创造活动主要依靠不同知识元素的结合能力（Nooteboom, 2000），因此知识元素的组合对知识创造至关重要。由于三方面的原因，发明人的知识网络中心性与知识创造正相关。（1）知识网络中心性与知识元素的可用性正相关。在知识网络中占据中心位置的发明人，能在网络中广泛接触大量可用的信息和知识库。由于知识创造需要现有知识元素的重新组合（Ahuja, 2000b），有更多知识元素的创新者将产生高质量的创新。（2）知识创造是路径依赖的。知识元素与其他元素的结合将产生丰硕的知识组合。这些信号将增强发明人与其他新知识元素相结合的可取性和可行性。（3）如果发明人在创新活动中比其他人更多地使用中心的知识元素，发明人将获得更多的威望和权力。另外，中心发明者比非中心发明者更容易获取其他知识元素，所以具有高知识网络中心性的发明人可能有更多机会去和其他发明人进行交流与合作。

然而，在知识网络中心性超过阈值之后，知识网络中心性和知识创造之间的正向关系变为负向。这种关系变化主要有三个原因。（1）高知识网络中心性意味着元素到达了重组价值几乎枯竭的地步（Wang et al., 2014）。这种情况下的知识组合可能只会导致更多的渐进式创新或微小的修改，这会减少知识的数量和价值。（2）由于潜力不大，进一步的组合不会被认为是有效的，而且其准确的价值很难衡量，因此对这些组合的关注和资源分配会更少。（3）根据有限理性理论（Hagedoorn and Duysters, 2002）可知，过量的知识组合可能会使发明人能力超载并削弱他们的知识创造能力。

近年来，研究人员对组织内部知识网络的研究主要关注其结构对创新绩效的影响。雅雅瓦拉姆和阿胡贾（2008）提出，研发人员所拥有的知识元素在知识网络中占据丰富的结构洞位置不利于探索性创新的开展，而占据中心位置将会对其探索性创新产生倒"U"型影响。王春雷等（2014）进一步发现，知识网络中技术群体内的聚集性和技术群体间的桥接关系会对企业创新活动产生直接作用和调节作用。马尼和杜朗（Mani and Durand，2019）从整体网络视角出发，探索了企业内部知识网络中心势与企业创新能力之间的倒"U"型关系。有研究者基于风能领域的论文数据提出了一种新的方法来构建使用文章关键词的知识网络，并从合作网络和知识网络的角度探索创新绩效的前因（Guan et al.，2017）。还有研究者发现，知识网络中心性和知识创造呈倒"U"型关系，该倒"U"型关系受到合作网络的结构洞和中心性的调节（Yan and Guan，2018）。

总之，学者们对知识网络的研究仍处于起步阶段。如何以合作网络和知识网络构建高效的内外部创新网络，以达到最佳的知识共享，受到广泛关注；研究企业创新绩效的成果已经渐趋完善，形成了一套较为完备的理论体系。而关于知识网络的维度、结构及其在知识泄露和保护中的作用尚不清晰；知识泄露作为知识管理的子理论，在研究中也鲜有涉及。

2.3 竞合网络

2.3.1 竞合概述

在新质生产力的框架下，竞合战略为企业技术创新提供了一种新的发展路径。新质生产力强调通过异质性资源的整合与知识的重组，实现创新能力的跃迁式增长。在竞合网络中，企业通过与竞争对手合作，能够共享互补的知识和资源，推动关键技术的联合开发，从而突破单一企业资源与能力的局限性。这种合作不仅优化了创新资源的利用效率，还能够显著加速技术升级与产品迭代，增强企业在复杂市场环境中的竞争力。此外，竞合战略中的知识共享和协同效应为创新网络提供了更大的开放性和灵活性，有助于在产业链中构建更具韧性的创新生态体系。通过竞合实现的新质生产力，正在成为企业面对快速变化的技术环境和市场需求的重要创新驱动力。

科技创新，企业赖之以赢。但是近些年，企业技术创新面临许多新的挑战,例如技术的快速升级和复杂整合、研发投资的指数增长以及各种资源的约束。尽管不少企业通过参与国际分工与合作获得了发展,但企业的技术创新能力仍然不足,这已经成为我国企业难以赢得国际竞争的关键问题,由此也产生了企业的一种重要合作策略:与同行业竞争者合作(Estrada et al.,2016),即伙伴之间存在既合作又竞争的关系,这也被称为"竞合",这种现象正在创新活动中变得越来越普遍。尼亚瓦利等(Gnyawali et al.,2006)指出,当今50%以上的联盟是与竞争者组成的。三星和索尼在电子产品领域激烈竞争,却在2006年签署了LCD面板的合作协议(简称S-LCD联盟),成为了电子行业竞合的成功典范。因此,竞合战略得到了越来越多的创新学者和管理者的关注(Gnyawali and Park,2011)。竞合战略被学者定义为既合作又竞争(即与竞争者的合作)的战略。

在竞合成为一个重要的概念之前,传统上竞争与合作是分开处理的。企业合作的观点主要基于共同利益;企业竞争的观点主要基于各自不同的利益,如牺牲竞争对手的利益以获得更高的市场地位等。这两种观点独立来看都有局限性,因为都未能全面了解竞争企业之间的实际相互依存关系。为了应对创新节奏的加快和成本的增加,相互竞争的企业也开始进行合作。他们可以共担研发风险,共同分享利益,共同推出创新产品来占据市场份额。这种竞争公司相互合作来创造价值、占据更大的市场,但参与者之间又相互争夺所创造的价值的现象,被称为"竞合"(刘衡等,2009)。

以往的竞合研究主要关注企业参与竞合关系的动机、参与竞合关系可能得到的利益和产生的消极结果、避免消极结果的办法(Gnyawali et al.,2006;Ritala and Hurmelinna-Laukkanen,2009)。

第一,相关研究表明,企业参与竞合目的是寻求资源类似或者部分相似的公司(此处资源主要包括产品资源、技术资源等)(Ritala and Hurmelinna-Laukkanen,2009)。在各种合作中,与同一行业公司的合作(即竞合)逐渐被认为是创新发展的重要选择(Bouncken and Kraus,2013;Ritala and Hurmelinna-Laukkanen,2013)。由于企业面临许多新挑战(如知识重组、大规模研发投资的需求以及产品生命周期缩短),竞合对技术创新变得更加关键(Gnyawali et al.,2006;Gnyawali and Madhavan,2001)。竞争对手面临类似情况并拥有互补知识,与竞争对手的合作使企业能够更好地应对这些挑战(Chen,1996;Gnyawali and Park,2011)。因此,竞合为企业提供了知识创造机会。

第二，现有研究总结了竞合可能产生的积极结果和消极结果。

最主要的积极结果是：竞合可以帮助企业获取互补的信息，促进其知识重组（Ahuja，2000a；Estrada et al.，2016；Gnyawali and Park，2011）。（1）竞争对手可能拥有互补的知识（Estrada et al.，2016；Gnyawali and Park，2011），这有助于进一步探索知识重组机会（Wang et al.，2014）。竞合可以帮助企业识别关键知识和资源，也可以帮助企业整合不同竞合伙伴的异质知识（Ahuja，2000b）。（2）竞合企业彼此之间可以产生协同效应。这种协同效应可以帮助参与竞合的企业分担成本，减轻风险，还可以使竞合企业通过统一行动实现规模经济（Gnyawali and Park，2011；Gnyawali and Park，2009）。（3）从整个行业领域看，竞合策略能推动整个行业的发展。竞合伙伴间互相合作可以迅速降低成本，提高创新速度，进而开发出别的企业尚未开发的产品或技术，提高企业在行业中的位置。这些积极结果可以提高相关企业的创新效率，并以较低的研发成本实现双赢。

最主要的消极结果有：（1）竞合可能使竞争对手更具竞争性（Ritala and Hurmelinna-Laukkanen，2013）。在竞合过程中可能出现机会主义行为。如前所述，竞合促进了与竞争对手的交流与知识共享。然而，这种知识共享可能被用于实现竞合伙伴的个体目标，而非共同的创新活动（Fernandez et al.，2018）。因此，与竞合伙伴进行广泛的合作可能会引发较大的价值挪用风险，如意外的知识溢出或搭便车行为（Estrada et al.，2016；Hamel，1991）。随着竞争的加剧，企业在保护专有技术和防止不良知识溢出方面面临更多困难。（2）竞合企业间可能会有根本利益上的冲突，包括逻辑冲突和角色冲突等，这些冲突会影响信任关系，进而影响竞合伙伴之间的知识交流和资源共享。同时竞合企业间的相互约束会导致企业丧失自由和灵活性，也会增加协调成本等。一般而言，要了解企业如何从竞合关系中获益并取得竞争优势，需要了解价值创造和价值挪用的逻辑（MacDonald and Ryall，2004）。

2.3.2　价值创造与价值挪用

在管理研究中，学者们已经认识到价值创造和价值挪用之间的区别（MacDonald and Ryall，2004）。一方面，组织参与合作为所有利益相关者创造价值（MacDonald and Ryall，2004）。另一方面，参与的企业有个体动机来发生价值挪用行为。因此，企业必须同时平衡价值创造机会和价值挪用风险

(Dyer et al.，2018）。

竞合同时包含价值创造和价值挪用问题，因为它有两个不同的方面：（1）合作作为联合行动；（2）竞争作为个体行动（Ritala and Hurmelinna-Laukkanen，2013）。竞合伙伴既可以共同创造技术价值，又可以争夺所创造的价值。虽然价值创造和价值挪用被视为不同的过程，但它们都会影响竞合伙伴的创新活动。价值创造决定了创新活动的重要性，而价值挪用影响了每个参与者可以占有的价值量（应瑛等，2018）。因此，为了实现创新，竞合伙伴需要创造实质性的价值并从中获得相当大的份额。以下我们将回顾现有研究中与竞合相关的价值创造和价值挪用机制。

2.3.3　竞合情境下的价值创造

知识基础观表明，知识是价值创造的主要源泉（Grant，1996）。根据这一观点，企业是一个知识创造实体，其知识资产以及利用知识创造的能力是企业可持续竞争优势的最重要来源。在创造新知识时，重组是一个关键的知识生产过程（Fleming，2001；Guan and Yan，2016）。具体来说，知识重组与公司本身知识库的组成有关（Eisenhardt and Martin，2000；Grant，1996）。公司重新组合知识的能力越高，产生创新的可能性就越高（Fleming，2001）。与竞争对手等外部合作伙伴的合作被认为是知识重组的潜在刺激因素。通过汇集企业及其竞争对手的互补知识和资源，竞合可以实现知识重组（Bouncken and Kraus，2013）。通过这种方式，竞合可以作为知识重组和创新的重要驱动因素（Gnyawali and Park，2009）。

2.3.4　竞合情境下的价值挪用

竞合也可能给企业带来机会主义行为和知识溢出的风险。竞合是一种风险策略，因为它可能刺激竞争伙伴的机会主义行为（杨薇和江旭，2016）。当竞合伙伴将知识和资源汇集在一起创新时，会出现共享的知识库，即使某竞合伙伴的贡献相对较低，也可以从中受益。因此，企业可能会失去其专有知识。这种机会主义行为也可能导致合作伙伴间产生更多的怀疑和不信任，削弱技术合作带来的联合学习的好处（Inkpen and Tsang，2005）。当企业意识到潜在的机会主义行为风险后，可能会限制自己的合作范围并减少知识转移，这对企业创新是有害的。竞合确实带来了机会主义行为的风险，特别是意外的知识溢出，这可能对创新活动是不利的（Bouncken et al., 2018；Park et al., 2014）。

与其他类型的组织间合作相比，价值创造机会和价值挪用风险的共存是竞合的独特特征。因此，只从价值创造的角度来看，而不考虑价值挪用，是无法掌握竞合的整体情况及其对创新绩效的影响的。同时考虑价值创造和挪用机制，才能更深入地分析竞合伙伴特征如何同时影响两种机制，进而对创新活动产生影响。

已有的竞合与创新关系研究指出了竞合战略对创新的正向作用（价值创造）和负向作用（价值挪用）机制。一方面，来自竞争者的资源尤其重要，因为竞争对手面临着类似的环境和竞争挑战，所以竞争对手往往拥有最相关和最有价值的资源（Gnyawali and Park，2009）。竞合可以整合企业和竞争对手的互补知识和资源，因此竞合有利于知识整合（Bouncken and Kraus，2013；Ritala and Hurmelinna-Laukkanen，2013）。许多研究已经证明，两个竞争企业之间的合作有利于促进互补知识整合，进而刺激创新发展（Gnyawali and Park，2011）。企业与竞合伙伴密切互动是创新和持续竞争优势的关键来源（Bouncken and Kraus，2013）。

另一方面，竞合可能是一种冒险策略，因为它可能刺激竞合伙伴的机会主义行为，特别是当他们的直接竞争激烈程度很高时（Ritala and Hurmelinna-Laukkanen，2009）。合作可能成为知识溢出的直接渠道。竞争伙伴既有动力也有能力吸收企业的有用知识，可能引发严重的知识泄露，进而阻碍其创新（Cassiman et al., 2009；Bouncken and Kraus，2013）。因此，竞合当中的价值创造和价值挪用的张力研究成为一个研究重点。例如，埃斯特拉达等（Estrada et al., 2016）的研究表明，当内部的知识传播和知识保护都存在时，竞合策略是一种成功的策略，因为企业可以获得知识重组的价值，同时防止知识的意外泄露。里塔拉（Ritala，2012）认为，竞合中的张力可能取决于所处的环境因素，如市场不确定性、网络外部性和竞争强度等。帕克等（Park et al., 2014）建议在竞争和合作的程度上保持平衡。

第 3 章

创新网络动态理论综述

网络动态（Network Dynamics）指网络架构在时间维度上的变化，包括节点的增加或减少、节点特征的变化，以及节点之间纽带的创建、解散等。全面理解网络动态的驱动因素和影响至关重要，任何一个方面的注意力缺失都会导致对网络动态了解得不完整（Ahuja et al., 2012）。结合新质生产力的视角，网络动态不仅反映了网络结构本身的演化，更在创新过程中扮演了关键角色。新质生产力强调通过多样化知识资源的重组和动态协同来实现创新能力的突破，而网络动态则为这种知识重组提供了关键的机制。节点间纽带的创建与解散直接影响了知识流动的路径和效率；节点特征的变化（如技术专长的增强或需求的转变）进一步推动了知识的重新组合和创新产出的多样化。因此，本章基于组织内部网络和组织间网络两个视角，从个体、组织、环境三个层面系统回顾了网络动态的驱动因素和影响，尝试为研究网络动态提供更加全面的视角，并探讨其如何在新质生产力框架下推动组织的创新升级。

3.1 组织内网络动态的驱动因素

组织内网络是由个人、组织和环境动态等不同层面的复杂因素相互作用形成的。这些因素不仅推动了组织内网络的形成和演变，还对其有效性产生深远影响，涉及信息流通、创新能力乃至整体组织绩效等多个方面。本节综合了多项研究的观点，以提供对这些因素的全面理解，并强调它们影响组织内部网络的机制。

个体层面的研究重点探讨了个体特征对组织内部网络的影响。例如，卡塞罗和罗伯（Casciaro and Lobo，2008）研究发现，个体对潜在合作伙伴的第一印象往往重于对其工作能力的评估，这影响了潜在联系的建立。与此类似，达兰德和麦克法兰（Dahlander and McFarland，2013）的研究指出，当不熟悉的人发现潜在伙伴身上有理想的匹配特质时，就会与之建立联系。耶恩和曼尼克斯（Jehn & Mannix，2001）的研究发现，在绩效较高的团队中，成员间的关系冲突较少，流程冲突则较为显著（尽管在项目截止期临近时，所有冲突的水平都有所增加）。此外，有学者对一家大型律师事务所的收购案例进行了研究，发现当原先独立的律师开始共享客户资源时，新的联系就会随之形成（Briscoe and Tsai，2011）。

在环境层面，现有研究发现，公司的裁员会扰乱组织内部网络的稳定性。沙阿（Shah，2000）对一家消费电子公司的实地研究揭示，同事的离职可能会削弱裁员幸存者在网络中的中心地位，竞争对手的离职则可能提升幸存者的网络地位。一方面，组织可以通过优化工作流程和工作环境设置来塑造内部网络结构。例如，马索特等（Methot et al.，2018）的研究发现，优化工作空间设计、实施小组培训和基于团队的薪酬制度等措施，可以促进同事间的自发互动，从而增强网络密度（Cross and Sproull，2004）。另一方面，组织还可以通过人员配置与技能管理策略来影响网络结构的桥接能力。例如，交叉培训和工作轮换策略为组织内部的经纪角色奠定了基础，员工通过掌握多样化的技能和知识，充当连接不同人员和部门的桥梁（Methot et al.，2018）。此外，莱克特-迪奥班德等（Leicht-Deobald et al.，2021）研究发现，组织内的人口结构断层对员工的集体组织认同及内部网络动态具有显著影响。李（Lee，2019）探究了工作环境和组织文化对内部网络动态的影响，发现专制型文化和组织内的员工指导计划能够增强内部联系的强度，而市场导向的文化则可能削弱这种联系。

3.2　组织内网络动态的影响

组织内部网络动态是提升新质生产力的关键驱动因素。新质生产力强调通过异质知识的交互、资源的动态配置以及创新要素的高效整合来实现生产力的跃升。组织内部网络的形成和演变为新质生产力的释放提供了核心支撑：一方面，个体间的联系增强了知识的流动性和共享程度，为新知识的创造和运用奠定了基础；另一方面，网络节点之间的多样化互动和经纪角色的出现，使知识在不同部门间得以高效转移，推动了组织内部的协同创新。此外，优化工作流程和灵活的组织文化可以进一步促进内部网络的动态调整，激发员工创造力，提升组织整体创新能力。因此，从新质生产力的视角来看，组织内网络动态不仅是信息流通和资源整合的基础机制，更是实现组织创新和高效运作的重要路径。

在组织内个体层面，有学者研究发现，具有较高网络中心性的个人更有可能见证其知识在公司内部的重组与应用（Nerkar and Paruchuri，2005）。而另外的研究揭示了内部网络中不和谐关系的独特价值——向难相处的同事寻求帮助，尽管看似矛盾，实则可促进个人绩效的提升（Brennecke，2020）。结构洞为个人提供了在互不关联的各方之间斡旋信息和资源的机会，这不仅增加了他们在组织中的权力，也提高了他们的声誉。性别偏见在友谊网络中也扮演着关键角色，特别是在影响人们对女性能力的看法方面，这种偏见既可以成为阻碍，也能成为提升女性绩效和职业发展的助力。此外，不同的网络结构能满足不同的社会化需求：大型、多样化的信息网络对增强组织知识至关重要，小型、密集的网络则更有利于帮助新成员掌握任务和明确角色，从而影响他们在组织中的融入和表现（Morrison，2002）。

在组织层面，组织内部网络有助于帮助组织促进知识转移、推动创新和保持竞争优势。网络较为密集的组织往往会表现出较高的创新绩效，这是因为资源和知识通过关键个人或群体得到了有效传播（Peng et al.，2020），以及组织内成员的新想法可以快速在组织内被成功采纳和利用（Fleming et al.，2007）。然而，适度的网络密度对信息在组织内的有效传递至关重要。过度密集的网络可能导致信息冗余，从而阻碍组织对知识和信息的有效吸收（Reagans and McEvily，2003）。组织网络的复原力在危机时期（如裁员时）也至关重要。在危机时期，拥有强大初始网络地位的个人可迅速重建联系并维持网络功能，从而提高组织的适应性。此外，有研究强调了组织内流动性在缓解网络经纪性别差异方面的作用（Zhang et al.，2024）。流动性不仅有助于缩小网络经纪的性别差距，还能使女性更有效地发挥经纪作用，进而提升组织绩效。

组织内网络的影响可以延伸至环境层面，但这一领域的研究相对较少，特别是在企业如何与外部知识源互动和创新方面。企业内部多样而密集的网络增强了企业吸收和应用外部知识的能力，这对在快节奏的行业中保持竞争力至关重要。此外，阿伯斯和多福斯马（Aalbers and Dolfsma，2019）在研究组织结构调整期间网络内信息流的弹性时强调，即使在动荡时期，维持稳健的网络结构对确保持续的创新和知识转移都具有重要性。这种韧性对于企业在工业级环境中保持竞争力和适应性至关重要。

3.3 组织间网络动态的驱动因素

组织间网络动态是激发新质生产力的重要机制。新质生产力强调通过知识的异质组合和创新要素的高效流动，推动生产力的跃迁和组织竞争力的提升。在个体层面，网络中心性和结构洞等特性赋予关键个体更强的知识整合和资源调动能力，使其能够在组织中扮演知识创造和转移的核心角色。同时，不和谐关系、性别偏见等现象也以独特方式影响个体的绩效和知识贡献，为新质生产力的释放提供多样化的路径。在组织层面，适度密集的网络结构增强了资源共享和知识传播效率，为组织整体创新能力提供了稳固的支持；在外部环境维度，组织内部网络的韧性和开放性提升了企业吸收外部知识的能力，加速了技术更新和市场适应。因此，组织网络动态为新质生产力的形成提供了关键驱动力，使企业能够在知识经济时代实现更高层次的创新与发展。

在个体层面，先前的研究表明，董事会成员的社会资本是驱动组织间网络变化的重要因素之一（Ruigrok et al.，2006）。董事会成员之间的差异（如同时在多个企业任职的数量、是否在网络中心位置的组织中任职、职位的不同），都对构建组织间网络联系具有显著影响（Hillman et al.，1999）。董事会成员在资源和信息网络中的嵌入性，增强了他们为管理层提供咨询的能力，并提高了公司获取网络资源的能力。业内具有较高声望的个体成为组织的董事会成员，意味着该组织具有较高的合法性和价值创造能力，并可以向潜在投资人和合作者传递出这样的信号，提高组织在合作网络内的声望及位置（Certo et al.，2001）。高管成员的社会资本对企业间网络的重要性并不局限于规模较大的成熟企业。有关初创企业的研究也证实了这一点（Cooke et al.，2005）。这些管理者通常具有积极建立关系的意识，这有助于提高组织间关系的持久性和异质性，稳定组织在网络中的地位。

在组织特征层面，组织规模是决定其网络中位置变化的关键因素。小企业往往因规模较小而被认为处于劣势，这通常被视为社会地位和市场议价能力较弱的信号（Wang et al.，2018）。相比之下，大企业的社会资源和价值创造能力使其更易接近组织间网络的中心位置，这种中心性优势有助于它们与网络中其他高中心性企业建立联系。在这种情况下，克里斯托皮尔森和克拉克（Christopherson and Clark，2007）的研究发现，规模较小的企业往往会被推入网络的边缘，只能与其他外围节点建立合作关系。组织在网络中的位置同样受到组织年龄的影响。由于稳定纽带的形成需要长期的合作经验以及信任，合作经历较少的初创企业往往难以获得大量的直接联系。研究发现，随着企业年龄的增长，投资者对企业的创新能力和网络能力的评估会逐步增加（Zheng et al.，2010）。然而，成熟的规模企业在网络中的信号并不总是积极的。米勒（Mueller，2021）的研究发现，关系信任投资举措对行业中领先企业的自我网络动态和位置有重要影响，因为这类企业对于其他合作者来说通常被认为是缺乏仁慈和诚信的。同时，组织在网络中的中心位置还可以影响其经纪能力。安德拉德罗哈斯和卡瑟利亚（Andrade Rojas and Kathuria，2017）的研究发现，中心企业的丰富联盟关系提高了焦点企业的资源禀赋，从而提高了企业的竞争性经纪能力；企业可以通过并购、联盟和信息管理能力，增加自身的经纪性。现有研究还关注了影响组织网络能力的其他特征，如组织的网络导向和企业文化的开放性。

在环境层面，研究发现，当不确定性、监管和竞争增加而生产能力利用率降低时，组织管理网络的水平就会提高（Luo，2003）。此外，监管环境进一步影响了组织间网络的形成和可持续性。在监管支持有力的环境中，企业更有可能参与合作活动，因为与机会主义行为相关的风险得到了缓解。相反，在竞争失调和制度支持薄弱的环境中，企业可能难以充分发挥其网络关系的潜力。市场动态（包括竞争和资源相互依存的需求）在形成组织间网络方面也有重要的作用。联盟和伙伴关系的形成往往是出于获取互补资源和能力的需要。资源互补的企业更有可能结成联盟，因为这些伙伴关系可以减少潜在冲突，加强合作。在资源稀缺和竞争促使网络关系不断重组的行业中，这种动态尤为明显（Chung et al., 2000）。

3.4 组织间网络动态的影响

网络动态作为创新网络的重要属性，与新质生产力的提升紧密相关。新质生产力强调通过知识的异质重组和创新资源的高效流动，实现生产力的跃升与企业竞争力的增强。在组织间网络中，节点和纽带的动态变化直接影响知识的传递与重组效率。动态网络的形成和演化为企业提供了多样化的知识来源，尤其是通过桥接结构洞获取异质性资源，从而激发了新颖的知识组合与创新成果。此外，网络中心性和异质伙伴关系的动态调整不仅提升了企业知识库的深度与广度，还增强了企业吸收和应用外部知识的能力。这种知识流动的加速与创新资源的整合为企业创造新质生产力提供了坚实的网络基础。因此，探索网络动态如何在多层次上影响新质生产力的形成，将为企业在数字化和全球化的竞争中提供重要的理论指导与实践启示。

在组织层面，不同的网络位置代表组织获取资源的不同机会，例如支持战略制定和实现的关键新知识与新技术（Echols and Tsai, 2005）。焦点企业通过与网络伙伴建立密集的直接联系，能够在网络中获得较高的地位和中心性。研究表明，高中心度的企业能够更有效地从网络资源和信息中受益（Chung et al., 2021; Gnyawali and Madhavan, 2001），这不仅提高了组织知识库的深度和广度，也增强了组织的吸收能力（Breschi and Lenzi, 2015）。尽管过高的中心度可能导致组织受制于过度嵌入和知识冗余，但梅斯齐和瓦斯默（Meschi and Wassmer, 2013）研究发现，通过不同纽带获取的同质信息对提高企业信息和资源的准确性至关重要。当组织在合作网络中趋近中心位置时，会面临更大的规范压力。例如，当其他网络成员广泛采用某种数字技术时，中心参与者可能会被迫了解并采用这些技术，以避免被排除在合作关系之外。此外，处于联盟中心位置的企业具有更好的网络视野，能够更有效地观察合作伙伴的战略意图和行动（Egginton and McCumber, 2019）。通过在互不相关的合作伙伴之间占据桥梁位置，焦点企业在网络中充当了经纪的角色。桥接网络中的结构洞使经纪公司能够在伙伴之间获得收益，并获取网络中的异质知识（Yan and Guan, 2018）。同时，卡内等（Caner et al., 2018）研究发现，异质伙伴有利于降低专利组合多样性的相关风险,从而提高市场价值。这凸显了保持平衡且多样化的联盟网络的重要性,它可以吸收复杂的技术和知识并将其转化为竞争优势。关于组织采用何种网络动态策略可以获益更大的问题,钱德勒等(Chandler et al., 2013)通过对1985~1993年美国最大的300家企业董事网络的研究,发现相比于其他网络特征,高地位企业的伙伴质量更高,但多样性更少,同时可以桥接的结构洞也更少。研究发现,在数字化情境下,中心度和结构洞都可以帮助企业发展清晰的数字化战略,但在行业环境充裕的条件下,高网络地位的优势更为明显。邦纳等(Bonner et al., 2005)的研究发现,网络感知、关系嵌入和合作伙伴的整合会带来强大的战略网络认同,进而提高市场绩效,实现可持续的战略优势。

综上,本章探讨了网络动态的多维度特征及其对组织运作的影响,揭示了个体、组织和环境层面的复杂相互作用。通过综合分析现有文献,我们认识到网络结构的动态变化不仅影响知识流动和创新能力,还关系到组织的战略适应性和市场竞争力。未来的研究可以进一步探究网络动态的长期效应和网络演化的非线性特征,以及探索网络动态与组织内部机制的协同效应。同时,跨学科的方法或许能为理解网络动态提供新的视角,如结合社会学、心理学和经济学等领域的理论。此外,随着数字化转型的加速和人工智能的大规模应用,研究网络动态在数字经济和人工智能情境下的作用及其对传统网络理论的挑战,将是一个较为有趣的方向。

第4章

创新网络与知识泄露

4.1 知识泄露概述

4.1.1 知识泄露的定义

知识泄露（Knowledge leakage）作为企业创新活动中的重要挑战，对新质生产力的形成和实现也产生了深远影响。新质生产力依赖于知识的高效整合与再创造，知识泄露则可能削弱企业在这一过程中积累的竞争优势。如今，随着企业间的合作网络迅速发展，企业间的联系日益密切，知识泄露的风险也迅速提高，如何降低知识泄露风险、防止知识泄露造成的损害，成为一个日益严重的现实问题。

学者们对知识泄露的概念给出了多样的定义。格兰斯特兰德等（Granstrand et al.，1992）将其定义为"一种未被挪用的技术的残余，可能通过竞争对手的扫描式工作而泄露出去"。此后，兰根和吉野（Rangan and Yoshino，1996）将知识泄露定义为不受监管、不受监控和无约束的信息交换；考莱等（Kale et al.，2000）认为知识泄露是企业在知识转移过程中，单方面或不成比例地丧失自己的核心能力或技能。李罗德和张洪涛（Li and Zhang，2008）从供应链角度给出定义，认为知识泄露是供应链上各级企业在进行知识共享时，将私有知识、商业机密等有意或无意泄露出去并给知识共享方造成经济损失。江旭等（Jiang et al.，2013）将知识泄露定义为焦点公司的私人知识被合作伙伴有意挪用或无意转移的程度。弗利沙玛等（Frishammar et al.，2015）在前人定义的基础上，提出知识泄露的过程定义，即知识泄露是知识在跨组织流动过程中，可能存在的一些不必要的甚至给组织带来损害的流动方式。该定义得到了相对广泛的认可。

4.1.2 知识泄露的维度

新质生产力的实现需要依赖知识的共享、转化与再创造，知识泄露则为这一过程带来了新的挑战和思考。在新质生产力的框架下，知识不仅是组织竞争力的核心资源，也是创新过程中的关键推动力。然而，当知识在跨组织合作中发生泄露时，无论是有意或无意、直接或间接，都可能导致企业核心资源的流失，从而削弱其创新能力和市场地位。知识泄露会对新质生产力的高效实现形成阻碍，因为它可能使创新所需的独特知识组合被竞争对手复制或利用。

依据发生时主体的意图，可以将知识泄露分为有意的知识泄露与无意的知识泄露两类。有意的知识泄露指员工或小型组织有意地将企业、大型组织等的知识泄露给合作伙伴或者竞争对手（Husted et al.，2012）。无意的知识泄露指知识在知识共享中，在双方没有明确意识到的情况下，一方本想保留的知识被另一方接收所造成的知识泄露（Kale et al.，2000），或者本应该保留，但是当下没有意识到而立即分享（Husted and Michailova，2010）。这一分类方式是目前较主流的对知识泄露的分类方法，学界已有较多研究（周建亨和蒋碧云，2017）。

依据发生的渠道，可以将知识泄露分为直接知识泄露和间接知识泄露。这种分类来源于对知识转移路径的划分。汉森（Hansen，2002）划分了知识转移的直接路径和间接路径，即知识在直接接触中发生的转移为直接转移，知识通过二级路径（路径数为二）发生的转移为间接转移，并且两种路径的转移效果有所不同。知识泄露作为知识转移带来的"副效果"，同样可以通过转移路径划分为直接知识泄露和间接知识泄露。直接知识泄露发生在合作双方共享知识时的直接交流中（Currie et al.，2008），间接知识泄露则通过第三方或中间企业实行（Gulati，1999）。弗利沙玛等（2015）在此基础上进行完善，认为当企业的核心知识通过一维以上路径（不限于二维）泄露给竞争对手时，才构成间接知识泄露。这一定义不仅将核心知识和一般知识进行了区分，强调了核心知识泄露给企业带来的负面影响，还提出了多维的知识泄露概念，丰富了"间接"的内涵，体现了对知识泄露认识从一维到多维的转变。

近年来，对于间接知识泄露的研究逐渐兴起，但是有关的实证研究、网络研究仍然较少。

4.1.3 知识泄露的影响

基于知识观的开创性研究表明，组织的绩效受到知识存量、利用和创造知识的能力等因素的影响（Grant，1996；Kogut and Zander，1992），知识是组织绩效的基础，保护机密知识是企业竞争优势的基础（Frishammar et al.，2015）。从新质生产力的视角来看，知识的存量和流动不仅是企业生产效率提升的核心要素，也是驱动创新突破的源泉。新质生产力的本质在于通过知识的优化组合和全新的应用场景，生成具有高附加值的创新成果。多数研究认为知识泄露会给企业造成负面影响，如影响企业创新绩效（Frishammar et al.，2015）、降低组织承诺、导致员工不和谐以及使组织性能下降等。如果泄露的知识是稀有且难以模仿的，那么弥补知识泄露不良影响的成本将会大大提高。但也有学者提出了不同意见，认为知识泄露也可能产生有利影响，如隐性知识的转移有利于加强"学习组织"和"教学组织"的互动与战略关系（Inkpen and Dinur，1998）。

4.2 企业的直接知识泄露

4.2.1 企业直接知识泄露的定义

如前所述，学者们较早地开始区分知识转移的直接路径与间接路径，将直接知识转移定义为知识在直接接触中发生的转移（Hansen，2002；Singh et al.，2016），但是关于直接知识泄露的概念长期以来缺少规范化的解释（Frishammar et al.，2015）。有不少学者开展了在企业联盟伙伴或合作伙伴中发生知识挪用、盗用的研究（Oxley and Sampson，2004），这些实际上都属于企业通过直接边发生的知识泄露。后来有学者对企业的直接知识泄露作出了解释，比如弗利沙玛等（2015）将直接知识泄露定义为竞争对手对焦点企业核心知识的直接吸收，柳元尚等（Ryu et al.，2018）将直接知识泄露定义为竞争对手作为焦点企业的直接合作伙伴时产生的知识盗用风险。从新质生产力的角度看，直接知识泄露涉及企业核心创新要素的外流，这不仅对企业内部的知识积累和创新动力构成挑战，也可能阻碍新质生产力在企业间的良性循环和全社会的增值。通过直接边泄露的核心知识，往往是新质生产力的关键构成部分，如独特的技术创新或复杂的产品设计。因此直接知识泄露对新质生产力的负面影响尤为显著。综上所述，企业的直接知识泄露即为企业核心知识通过直接边泄露给竞争对手。

4.2.2 企业直接知识泄露的前因

创新网络中，企业之间的竞合关系是知识泄露的重要载体，而在竞合博弈之中产生的机会主义行为则是造成直接知识泄露的最重要原因。造成企业直接知识泄露的机会主义行为可分为企业内部员工的机会主义行为和外部联盟企业的机会主义行为。企业缺乏有效的内部管理会导致员工的机会主义行为增加（马亚男和姜文，2007），员工有可能会把企业的核心机密泄露给竞争对手以获取个人利益。在企业外部，缺乏信任会导致联盟企业的机会主义行为增加（Hamel，1991），从而加大企业的知识泄露风险。汉默（Hamel，1991）认为缺乏信任导致企业在合作过程中会更加专注于个人目标，而非项目的整体目标，可能导致机会主义行动，比如搭便车行为（Oxley and Sampson，2004）、有意识的知识学习行为等。此外，缺乏正式的合同（Jiang et al.，2013）、保护环境薄弱、联盟企业利益的差异性等也被认为会加大联盟企业的机会主义行为。

在组织层面，组织变革也被认为是企业产生直接知识泄露的原因（Sitlington and Marshall，2011）。在个人层面上，相关研究强调了员工作为知识载体，在知识泄露中发挥的重要作用。知识型员工的流转、离职、退休等都可能增加企业的直接知识泄露风险（Mohamed et al.，2007）。

在新质生产力背景下，知识密集型的创新活动对内外部关系管理的依赖性更高。机会主义行为无论来自内部员工还是外部合作伙伴，都可能对新质生产力的实现形成显著阻碍。员工的核心知识泄露，不仅削弱了企业内部知识资源的整合，还可能破坏企业与产业链上下游间的知识共享生态。而在竞合博弈中，联盟企业的机会主义行为可能导致创新型知识网络中关键节点的破裂，抑制新质生产力的网络效应。此外，组织变革期间，对创新资源的管理不足可能会加剧企业新质生产力流失的风险。

4.2.3 企业直接知识泄露的影响

在不同的利益和目标的驱使下,竞争伙伴倾向于通过复制或模仿竞争对手的核心知识与能力来向竞争对手学习(Hamel,1991)。陈伟等(2016)研究了直接知识泄露在跨企业知识共享与创新绩效之间的调节作用。直接知识泄露一方面会降低知识价值,削弱企业知识共享对创新绩效的正向影响;另一方面,使企业易于被竞争对手模仿,使企业的技术创新失去价值。有研究认为,直接知识泄露损害了竞争性联盟中企业的竞争力(Jiang et al., 2016)。专有知识是企业竞争优势的基础,这种知识的泄露将损害企业的长期业绩和竞争优势(Liebeskind et al., 1996)。尤其是在高技术和知识密集型产业中,关键知识的丧失会导致企业在市场中的地位急剧下降。此外,泄露知识后被竞争对手模仿或复制,可能导致新质生产力的价值被过度稀释,进而削弱整个行业的创新活力。更为重要的是,直接知识泄露会破坏创新生态系统中的信任关系,使未来的知识合作变得更加困难,从而阻碍新质生产力整体水平的提升。

4.2.4 直接知识泄露风险的度量

有关直接知识泄露风险度量的文献多集中在仿真研究,而从网络视角出发的研究大多通过直接连接数进行计算。奥克斯利和桑普森(Oxley and Sampson,2004)对电子和电信设备行业的研发联盟开展研究,用联盟范围和联盟治理模式(合同组织或合资组织)来衡量直接知识泄露风险,其受到产品市场竞争、地域市场竞争、技术重叠等因素的影响。莫尔(Mohr et al., 1994)也指出,企业的直接知识泄露风险与联盟范围有关。有研究者使用仿真方法研究开放式创新的最佳开放程度时,用有效知识存量的损失来表示知识流失,并指出焦点企业的知识库大小、开放的广度和深度、制度环境和市场竞争都会影响直接知识泄露风险(Wu and Zhou,2021)。直接知识泄露概率计算方法如下:

$$\nabla L_{i,m}^2 = \tau L_{i,m} \qquad (4-1)$$

$$\tau = \omega \times P_b \times P_d \times \lambda_3 \times \lambda_4 \qquad (4-2)$$

$$\lambda_3 = v_3 \times d_1 \qquad (4-3)$$

$$\lambda_4 = v_4 \times d_2 \qquad (4-4)$$

其中,L 表示节点的知识存量,τ 是直接知识泄露的概率,与开放广度

(P_b)、深度（P_d）、制度环境（λ_3）和市场竞争（λ_4）有关。v_3 和 v_4 是常量，d_1 和 d_2 代表制度环境和市场竞争对知识泄露的影响系数。

从网络视角出发，我们认为，直接知识泄露即企业通过节点间的直接联系泄露知识。辛格等（Singh et al.，2016）指出，在网络中，节点间路径距离为 1 的视为直接联系。汉森（Hansen，2002）在度量知识网络中各节点的直接联系时，考虑到这一关系的不对称性，将其分为寻求建议和提供建议两类，并将以交流频率和接近程度衡量的连接强度纳入关系测算中。

4.3 企业的间接知识泄露

4.3.1 企业间接知识泄露定义

赫尔南德兹等（Hernandez et al.，2015）指出，当企业的一级合作者建立通向竞争对手的二级路径时，企业会暴露在竞争对手面前，这提高了企业的战略知识泄露给非预期接收者的风险，即间接知识泄露风险。换言之，知识一旦被合作伙伴披露或暴露在更广泛的网络中，就很容易进一步扩散，从而失去其独特性。事实上，企业发生间接知识泄露的情况早已被学者注意到。对于企业外部网络，杜锡尼茨基和谢弗（Dushnitsky and Shaver，2009）通过研究 20 世纪 90 年代获得资金的 1 646 家创业阶段企业样本指出，与合作伙伴建立关系可能会致使创新型企业的核心知识被泄露给拥有相同合作伙伴的竞争对手。考克斯·潘克等（Cox Pahnke et al.，2015）提出了"竞争性信息泄露"的概念。他们通过研究 147 家独一无二的 MIS 设备公司，指出：由强大的中介组织自行建立的间接联系会导致竞争性信息泄露，从而对初创企业产生负面影响，并且过多的间接联系可能影响企业创新。还有研究表明，焦点企业的合作伙伴和竞争对手之间的地理共置是潜在的间接知识泄露途径（Liu et al.，2018）。地理上的共置增加了合作伙伴与竞争对手之间交易的可能性，在交易中焦点企业的知识可能被盗用。

从新质生产力的角度看，间接知识泄露对知识网络中的创新协作具有潜在的破坏性。企业嵌入的知识网络是实现新质生产力的重要载体，而通过二级路径或中介机构泄露的知识往往是企业新质生产力体系的核心组成部分。

这种泄露不仅可能导致知识网络的价值分布不均,还会抑制新质生产力的流动性和共享性,从而削弱整个创新生态系统的协同效应。

4.3.2　企业间接知识泄露的前因

创新网络中,合作关系是知识泄露的重要载体。许多知识溢出效应并非偶然或间谍活动的结果,而是蓄意交流的副产物。通过与合作伙伴建立联系,企业可能会将技术核心暴露给拥有相同合作伙伴的竞争对手(Dushnitsky and Shaver,2009)。在新质生产力视角下,间接知识泄露可归因于创新网络中的复杂协作机制和利益冲突。

间接知识泄露发生的根本原因在于中介机构与焦点公司的利益不一致。中介机构可以利用其作为枢纽的优势地位,以服务自身为目的控制信息流动(Cox Pahnke et al.,2015)。换言之,由于机会主义和道德风险的存在,中介机构可能会将与焦点企业共享的知识转让、出售给竞争对手(谭玲玲,2019)。当强有力的中介机构同时有机会和动机去引导它所连接的企业间的信息流(Rogan,2014),或者焦点企业的创新成果取决于竞争对手的行动时(Katila and Chen,2008),这种间接知识泄露风险会变得更加严重。

初创企业在合作中的劣势地位是导致间接知识泄露的另一原因。初创企业在成形前通常面临极端的资源依赖,因此他们只能选择求助于合作伙伴来获取资本、市场准入和咨询等急需的资源,种种因素下,初创企业通常不得不披露其有关技术和战略方向的信息。同时,在早期投资关系中,由于缺乏权力、地位和资源,企业在一级合作伙伴处少有话语权,更不能控制它们向其他公司共享什么信息(Katila and Chen,2008)。

同时,法律合同薄弱也是导致间接知识泄露的一个重要原因(Jiang et al.,2013)。董事任命所需的法律披露允许公司了解与竞争对手之间的网络关系,这会成为间接知识泄露的风险来源。此外,中介人的地位和声誉(Cox Pahnke et al.,2015)、地理位置(Jaffe et al.,1993)、组织变革(Sitlington and Marshall,2011)、知识型员工的流动(Mohamed et al.,2007)等也被认为是造成间接知识泄露常见的影响因素。

4.3.3　企业间接知识泄露的影响

目前有关间接知识泄露影响的研究多集中在企业的创新绩效方面。创新是一种内在的协作环境，焦点企业通过嵌入丰富的纽带和企业间的关系网络获得优势（Powell et al.，1996）。但这也导致企业与竞争对手有较多的间接联系，使企业容易通过中介机构泄密，否定专有技术优势，限制积极的知识溢出，并削弱企业创新的价值，从而降低企业的创新绩效（Cox Pahnke et al.，2015）。当处于强势地位的中间人有机会和动机间接地引导合作伙伴之间的信息流动时，这种风险就变得尤其突出（Rogan，2014）。同时，网络联系造成的间接知识泄露也会削弱公司知识的战略价值，因为一旦向合作伙伴披露知识或接触更广泛的网络，就难以防止知识进一步传播，从而失去其独特性（Dushnitsky and Shaver，2009；Katila and Chen，2008）。根据福阿德·谢里夫等（Fawad Sharif et al.，2021）的观点，间接知识泄露还会影响组织竞争力。罕见的知识资源为公司提供了竞争优势，使公司能够制定更富有竞争力的战略，而间接知识泄露以知识挪用的形式对此构成了威胁（Ritala et al.，2015），进而对组织的竞争力产生负面且显著的影响。新质生产力依赖于企业间的创新协作及其核心知识的保护，而间接知识泄露可能使核心知识扩散到不受控制的网络范围内，从而削弱企业竞争优势并抑制创新生态系统的健康发展。

4.3.4　间接知识泄露风险的度量

有关间接知识泄露风险的文献十分稀少。赫尔南德兹等（Hernandez et al.，2015）用焦点企业的合作企业与竞争企业间的连接数的加权平均来衡量间接知识泄露风险，其中权重为合作企业的直接连接数与焦点企业的全部间接连接数的商，计算公式如下：

$$\sum_j \frac{indirect\ ties\ to\ rivals_{ij} \times ties_j}{indirect\ ties_i} \qquad (4-5)$$

其中，i 表示焦点企业，j 表示与其连接的合作伙伴，$ties_j$ 表示 j 的所有直接连接数，$indirect\ ties\ to\ rivals_{ij}$ 表示 j 与 i 的竞争对手的连接数，$indirect\ ties_i$ 表示 i 的所有间接（二阶）连接数，不考虑是否是竞争关系。

有研究以美国制药公司（即焦点公司）和美国生物技术企业（即合作伙伴公司）的国内研发联盟作为研究对象，通过汤森路透（Thomson Reuters）的 Recap 数据库获取联盟数据，利用 IMS Health 数据库获取制药公司竞争对手的数据，并通过 USPTO 获取专利数据。核心自变量捕捉了当研发联盟中共享和创造的知识泄露给附近竞争对手时，焦点企业在与研发联盟相关的产品市场中可能遭受损害的预期程度（Liu et al.，2018）。采用间接竞争伙伴占全部间接伙伴的比例来衡量焦点企业的间接知识泄露风险。

$$Risk\ from\ Partner - Rival\ Co\text{-}location_{ij} = \sum_{m}\left(Importance_{m} \cdot \sum_{r} MS_{rm}\right)$$

(4-6)

其中，i 表示制药公司，j 表示生物技术企业，m 表示医药企业 i 与生物技术企业 j 研发联盟的产品市场，r 表示制药公司 i 在美国的竞争对手与生物技术风险合作伙伴 j 位于同一区域，MS_{rm} 表示竞争对手 r 在产品市场 m 上的市场份额。

4.4 知识泄露的防御手段

4.4.1 传统防御手段

许多学者对企业知识联盟中的知识泄露问题进行了研究。联盟中的企业具有竞合关系（汪忠和黄瑞华，2005），且"竞争"和"合作"存在动态博弈，因此企业在知识联盟中应该注意对自身的知识进行保护。现有研究主要从事前、事中以及事后三个层面提出对于直接知识泄露的防御方式。

事前风险防御方式主要有选择可靠的合作伙伴、建立有效的企业管理制度、对合作中的权利和义务进行明确的规定等。很多学者认为选择可靠的合作伙伴是企业防御知识泄露的手段，但是马亚男和姜文（2007）指出，实践中企业很少采用选择合作伙伴的方式防御知识泄露，因为企业选择构建联盟伙伴的主要考虑是战略目标而不是知识泄露风险。有效的制度被广泛认为可以降低企业的知识泄露风险，但是学者在紧密还是松散的企业组织结构能够降低知识泄露风险问题上产生分歧。交易成本理论认为垂直紧密的管理结构能够提高机会主义行为的成本，因此减少企业的机会主义行为，从而达到防御知识泄露的目的（马亚男和姜文，2007）。昂卡瓦等（Encaoua et al.，2006）认为，当知识的学习成本高昂且先发优势重要时，企业泄露知识的风险较低。知识管理理论认为松散的管理结构可以阻碍黏性而复杂的隐性知识的传播，降低知识泄露风险（Nelson and Winter，1982）。从新质生产力的视角来看，事前选择可靠的合作伙伴不仅是降低知识泄露风险的关键，还关系到新质生产力在网络中的流动效率。选择具有相似技术基础和文化契合度的合作伙伴可以增强知识流动的方向性，减少核心知识在非预期路径中的外泄可能性，从而保护企业的新质生产力体系。

在事中风险防御层面，一方面企业可以通过加强内部治理来防御知识泄露，比如加强员工的技术保护意识（李东红，2002）、加强文档和网络管理（汪忠和黄瑞华，2005）。其中对员工的管理尤为重要，企业应该对员工进行培训，增强他们的技术保护意识以及知识交流技巧，针对不同员工的特质，还可以采用不同的激励手段来防止知识的外溢。同时，应当对知识型员工的流动进行管理，对于知识型员工进行离职竞业限制（汪忠和黄瑞华，2005），比如签订协议要求联盟企业在联盟终结后短期内不得雇佣合作方的离职员工（李东红，2002）。此外，企业可以通过创建制度障碍来减少竞争对手公司的知识盗用。企业可以采用正式的保护措施来界定知识共享的边界，从而在实现必要的知识共享的同时，有效控制知识泄露的风险（Bouncken et al.，2015）。企业内部治理和正式保护机制在新质生产力的视角下，能够增强知识共享的安全性和效率，尤其是通过技术壁垒和网络管理，企业可以更好地保护新质生产力中的隐性知识，避免无意的扩散行为。此外，非正式保护机制通过增强信任和声誉，进一步支持新质生产力的协同创新，减少知识的外溢风险。

另一方面，企业可以通过加强合作中的正式保护和非正式保护防御知识泄露，合作者可以利用现代信息技术和安全系统在知识共享和知识保护之间架设技术壁垒（Enberg，2012），并且利用法律工具进行知识保护，如保护知识产权、签订合同、限制合作范围和关系资本等（Kale et al.，2000）。在闭合的网络结构里，相关的声誉和规范执行机制为交流创造了一个更安全的环境，降低了合作者的机会主义行为（Gargiulo et al.，2009）。但是有研究表明，正式的保护机制可能会降低合作企业之间的信任水平，而非有助于增强双方的信任水平（Das and Teng，1998）。同时，正式保护对超出边界的无意识的知识共享行为作用有限，因此非正式保护就成为正式保护的补充。非正式机制涉及关系规范、声誉和信任等方面，在合同规则不充分的情况下，它们可以降低机会主义行为的风险（Carayannis et al.，2000）。增强联盟利益的一致性也可以防御知识的间接泄露。当联盟企业各方利益产生冲突时，企业会采取利己行为，所以联盟之间的利益差异越大，联盟之间的机会主义行为就越突出。陈菲琼（2003）认为增加企业联盟中的关系资本能够达到保护企业资源的作用。知识联盟中企业之间的关系资本越深厚，企业越能有效处理在联盟交流中产生的冲突，从而增强企业间信任，降低机会主义行为，保护企业的核心技术资源。

知识泄露的事后控制是指在知识泄露发生以后，企业运用具有法律约束的合同、知识产权保护等机制对企业的风险损失进行索赔（马亚男和姜文，2007）。知识产权保护被认为是最普遍的知识保护方法，企业应充分运用知识产权相关法律保护其自身敏感知识（Olander et al.，2009）。知识产权的保护机制包括专利、版权、商标、商业秘密等（Liebeskind et al.，1996），对保护企业的显性知识比较有效。专利保护的知识范围有限，且难以对不易显性化的隐性知识提供有力保护（Nelson and Winter，1982）。在新质生产力的背景下，事后防御手段（如知识产权保护和法律约束）不仅能够减少知识泄露带来的经济损失，还可以稳定企业的新质生产力生态。这种保护有助于维护企业创新活动的持续性和资源的整合性，从而提升新质生产力对企业整体绩效的贡献。

传统的知识保护手段对防御企业之间的直接知识泄露较为有效，但是对日益复杂化、网络化的经济活动，以及间接边的知识泄露显得力不从心。比如知识产权的保护手段在面对间接知识泄露时，难以对不易编纂的隐性知识泄露作出反应；合同等法律手段则由于企业与间接企业之间不存在直接的合同关系而难以实施。在这样的条件下，基于网络的新式保护措施成为企业的现实之需。

4.4.2 网络防御手段

正如前文所言，传统的防御手段难以应对企业的间接知识泄露，而网络防御手段却可以从源头上降低间接知识泄露的风险，相较于传统防御手段具有更高的安全性（Hernandez et al.，2015）。所谓"解铃还须系铃人"，由间接网络产生的间接知识泄露风险应当由网络防御手段来解决。网络防御手段能够从根源上保护新质生产力的核心要素，尤其是通过网络结构的"修剪"和"嫁接"机制，减少新质生产力在不受控的网络路径中流失的风险。同时，增强网络的闭合性可以有效维持新质生产力的稳定性，促进企业之间的创新协作。学界中也呼吁进一步研究网络风险如何影响网络结构的变化（Ahuja et al.，2012），尽管如此，目前学界关于网络防御的研究寥寥无几。下面主要总结赫尔南德兹等（Hernandez et al.，2015）和闫岩等（Yan et al.，2022）的网络防御研究成果，以为开展创新网络防御间接知识泄露的研究提供参考。

赫尔南德兹等（Hernandez et al.，2015）对德国公司 1990～2003 年的董事会成员变动开展研究，并通过对董事会成员进行访谈，发现企业会主动改变网络结构来降低知识通过间接网络泄露给竞争对手的风险。公司可以通过"修剪"和"嫁接"两种机制来调整其自我网络的结构，减少与竞争对手建立间接联系的概率，从而降低间接知识泄露的风险。其中"修剪"是指当焦点公司和竞争公司的董事会成员同时在一家公司担任董事时，焦点公司的董事会成员到任期后不再续任或直接辞职；"嫁接"是指焦点公司任命董事与同间接竞争对手联系较少的公司建立新的联系，从而降低与竞争对手形成董事连锁的可能。该研究实证探究了间接知识泄露风险对公司"修剪"行为、"嫁接"行为和网络闭合的影响及公司战略经验在其中的调节作用，其中间接知识泄露风险用焦点企业间接边中竞争对手的占比来衡量。研究结果表明，在高间接知识泄露风险中，焦点公司更容易终止董事连锁、形成闭合网络，同时企业的战略经验正向调节着这种关系。该研究在最后也提出，除了与竞争对手的间接关系，与竞争对手联系的路径长度可能也会影响企业的网络防御行为。

闫岩等（Yan et al.，2022）对 401 家外国子公司 1980～2017 年的数据进行了准实验分析，从内部协作网络和知识网络防御的角度研究外国子公司会如何通过调整网络结构来进行知识保护。研究发现，在知识产权保护不足的高风险环境中，外国子公司会通过加强其协作网络中的小世界性来加强社会复杂性，并通过减少其知识网络中的小世界性来减弱知识相关性，从而加强其知识保护。研究方法上，该研究为了解决内生性问题，使用 WTO 的 TRIPS 协定作为工具变量，开展准自然实验，并用双重差分法和两阶段回归法进行分析。其研究结果证实，内部协作和知识网络可以调整以应对子公司的知识产权风险。该研究区分了内部知识网络和协作网络的在知识搜索上的不同机制，为公司如何修改其内部协作网络和知识网络来抑制知识溢出、降低知识泄露风险提供了解释。该研究视角可以运用于间接知识泄露的网络防御研究中。

企业行为受其创新网络结构的影响。研究已经指出，创新网络的三大优势是接入、及时性和建议（Burt，1992）。大量的研究都关注了创新网络结构对知识积累的好处。然而，如果不考虑创新网络结构对知识泄露的影响，现有的研究将是不完整的。

实际上，一些研究提供了针对创新网络结构与知识泄露的初步理论观点。嵌入理论认为"人与人之间持续不断的社会关系网络可以阻止渎职行为"

(Granstrand et al., 1992)。另一些研究认为，由于被深深地嵌入网络中，核心公司与具有影响力的其他公司有大量的联系，因此核心企业拥有更多资源，并且可以有效地制裁机会主义行为。然而，也有研究得出相反的结论，认为处在中心位置的企业更难维护新产品和创意的机密性，因为高中心性意味着更多的开放途径，产品相关信息和知识可能会被泄露（Lan et al., 2020）。波利多罗等（Polidoro Jr et al., 2011）指出，随着企业网络中心度的提高，计划外的解散风险也会相应降低，这有助于加强网络中的合作知识获取，同时防止员工流动性带来的知识泄露问题，为企业减少知识泄露带来的不利影响提供了新的思路。

合理利用结构洞和网络密度，不仅能够促进新质生产力在网络中的高效传递，还能有效减少其在不相关节点中的外泄概率，从而实现创新与保护的双重目标。伯特（Burt, 1992）的结构洞理论暗示了结构洞与保密性能之间存在正相关关系。首先，结构洞能够让信息流更加受控，占据结构洞的公司可以利用组织控制机制（如合同惩罚和奖励、关系规范、托管等）减少知识向间接伙伴泄露的可能性。其次，公司可以根据自身利益，向不同的合作伙伴提供不同的产品信息和知识，这样，没有连接的合作伙伴就无法获取比较信息和知识，也就不太可能拥有完整的产品信息。

综上所述，企业在合作联盟的过程中通过间接边不可避免地发生着知识泄露，这种知识泄露对企业的知识保护、创新创造和核心竞争力都有着负面的影响，因此针对如何防御间接边的知识泄露开展研究非常必要。不过，现有关于企业知识泄露的研究多集中在直接边，而关于企业间接边的知识泄露研究相对缺乏；尤其在知识泄露的防御手段上，对传统方式（如法律、合同）的研究较多，但对网络防御手段的研究少之又少。本章研究间接知识泄露风险下企业的创新网络防御手段，有助于弥补现有研究在间接知识泄露和网络防御手段方面的空缺、丰富创新网络的研究视角，有利于为实践中企业防御间接知识泄露提供更加行之有效的方法。

第 5 章

创新合作网络的嵌入和创新：基于可再生能源领域的研究

5.1 引　　言

人们对网络嵌入的重要性达成了共识。在定义网络嵌入性及其影响创新的机制时，仅考虑网络结构在构建嵌入性理论时是不够的（Moran，2005）。具体来说，在考虑个体的网络嵌入性对绩效的影响时，仅仅关注个体认识的人是不够的，我们还必须考虑个体对这些人的了解程度。根据这一观点，社会网络关系可以分为两个主要维度：关系嵌入性（Relational Embeddedness，RE）和结构嵌入性（Structural Embeddedness，SE）。具体来说，RE 的特征是人们通过一段时间的互动而相互发展起来的人际关系，而 SE 捕捉了人们周围关系结构对其相互合作倾向的影响（Granovetter，1992）。一些研究已经证明，RE 和 SE 对创新表现都是有益的（Moran，2005；Tsai and Ghoshal，1998；Uzzi and Gillespie，2002）。然而，一些研究人员也发现了嵌入性的悖论，过度的嵌入性也可能破坏经济表现（Uzzi，1997）。遵循这一逻辑，我们比较了网络嵌入性的这两个维度，并采用系统的视角来理解两种类型的网络嵌入性与网络成员创新之间的非线性关系。

有研究共识表明，一些偶然因素可能有效地解释网络 – 绩效关系（Mu，2014）。在这些偶然因素中，创新活动的类型得到了广泛研究。探索性创新从根本上改变了技术轨迹，利用性创新则导致发明家当前技术能力的微小变化（Yan and Guan，2018）。有证据表明，发明家在同时发展探索性创新和利用性创新方面表现出双元性。此外,由于探索性创新和利用性创新追求的目标不同,涉及的机制也不同,网络在探索性创新中的嵌入性与其在利用性创新中的作用是不同的。例如,范哈维贝克等(Vanhaverbeke et al.,2009)提出,特定网络结构对创新的贡献程度与创新活动的类型有关,并在组织层面实证检验了他们的观点。正如 C. C. 菲尔普斯(Phelps, C. C.,2010)所言,探索性创新与现有知识库中新颖技术知识的创造有关,利用性创新则与现有成分和现有技术轨迹的标记改进有关。虽然在企业或组织层面已经进行了一些研究,但在个体层面,特别是从网络嵌入性的角度来看,关于这两种创新类型的文献仍然有待发展。本章根据前人观点,并针对上述空白,将个人层面的 RE 和 SE 与探索性和利用性创新联系起来,从而推进了先前的理论和实证研究。

以往的研究一般采用两种视角来考察网络对创新的影响。一种是本地网络视角,认为发明家的成果是由发明家与合作伙伴之间的直接联系,以及这些合作伙伴之间的相互联系共同塑造的(Ahuja,2000b;Zaheer and Bell,2005)。另一种是全球网络视角。研究表明,通过更广泛的背景,包括整体网络结构(Schilling and Phelps,2007),进行信息扩散具有优势。研究人员呼吁采用系统的视角,因为两种视角只能片面地反映网络与创新的关系。新兴研究表明,宏观层面的全球网络视角可以更好、更全面地理解特定网络属性的功效(Ahuja,2000a;Vanhaverbeke et al.,2009)。在本章中,我们考虑了全球网络结构(如小世界商数)在嵌入性对创新影响有效性方面的潜在调节作用。小世界系统由一个同时具有规则网格和随机图特征的网络组成。这样的网络是高度聚类的,具有较小的路径长度(Watts and Strogatz,1998)。很少有研究探讨全局和局部网络特征如何相互作用并影响创新,特别是探索性创新和利用性创新。我们进行了实证分析表明网络嵌入性和小世界商数的结合会影响对探索性创新和利用性创新的追求。

总体而言,我们有两个主要贡献。一是对创新相关文献作出了贡献。我们将创新类型区分为探索性创新和利用性创新。将多重嵌入性与发明家所从事的不同创新活动联系起来的实证研究较少,本章提供了对嵌入性—创新关系的更精细、深入的理解,填补了先前的空白。二是对网络相关文献作出了贡献。我们在局部自我网络水平上评估了 RE 和 SE 对个体创新结果的影响,并研究了小世界商数如何在全球网络层面上调节这些关系,提供了一些见解,这些见解可能超越了以前只应用一种网络视角(自我或全球)的研究成果。

5.2 理论框架和假设

网络嵌入性被认为是促进创新的重要因素（Gilsing et al., 2008）。网络嵌入性指行动者在网络中与其他成员关联的结构，以及与他人相互连接的程度，这些特征共同决定了其所嵌入的网络结构在多大程度上表现出冗余性（Echols and Tsai, 2005; Granovetter, 1992）。

根据之前的文献，我们沿着两个维度对创新进行了分类（见表5-1）。

表5-1　　　　　　　　探索性创新与利用性创新的比较

项目	探索性创新	利用性创新
定义	探索性创新涉及从先前的方向转向遥远的技术轨迹	利用性创新涉及现有技术轨迹的进步
机制	多样性、重组等	惯性、路径依赖视角等
要求	从现有知识中脱离或开发新知识	拓宽和扩展现有知识
基于知识的搜索	搜索范围（局部搜索和远程搜索）	搜索深度（仅局部搜索）
学习速度	快速	缓慢

5.2.1 嵌入性与创新：局部网络层面

1. 关系嵌入性（RE）与创新

已有研究表明，RE的特征是每个直接关联的平均重复（Bonner and Walker, 2004）。基于强关系视角，关系强度是合作者相互投入时间和精力的重要指标（Cross et al., 2003）。在两个发明家之间频繁激烈的互动中，他们对谁知道什么有深刻的认识，相互信任，对彼此的日常工作也很熟悉（Levin and Cross, 2004）。例如，拉森（Larson, A., 1992）认为，这种激烈互动会逐步促进并反过来增强信任。克罗斯等（Cross et al., 2003）认为，强关系提供了信任基础，可以减轻阻力和不确定性。毛雷尔和埃伯斯（Maurer and Ebers, 2014）认为，关系嵌入性中的信任与互惠机制能够激励合作伙伴在深度知识交换中投入精力并揭示关键知识。总而言之，深度知识、信任度和熟悉度有助于发明家更有效地搜索知识（例如：对过去哪些方法有效、哪些方法无效的了解），并找到他们知识、能力的新组合进行创新。同时，卡莱、辛格和珀尔穆特（Kale, Singh and Perlmutter, 2000）也提出，RE 抑制了合作伙伴的机会主义行为，从而防止了关键技术的泄露。因此，我们认为发明家的高 RE 有利于其利用性创新和探索性创新。

然而，RE 的一个潜在缺点是，重复的互动使合作者的知识对焦点发明家来说变得非常重复（Cross et al., 2003）。RE 对探索性创新的影响呈倒"U"型，对利用性创新的影响呈正相关关系。这主要有两个原因。第一，发明家与合作伙伴一起探索新知识有一个天然的限制：探索性创新可能最终会达到价值耗尽的地步，进一步的探索不再富有成效（C. Wang et al., 2014），因此，高 RE 的探索性创新边际收益趋于降低。我们认为 RE 与探索性创新之间的积极机制可能是速度递减的曲线。第二，探索性创新离不开新知识，然而，强关系对新想法的影响会逐渐减弱（Levin and Cross, 2004）。RE 可能通过降低焦点发明家的自主性和获取多样化信息的途径而增加新知识的搜索成本，从而抑制探索性创新的发展。相反，利用性创新建立在现有知识的基础上，不需要太多新的知识边缘（Jansen, Van Den Bosch and Volberda, 2006）。因此，RE 的负面影响对于利用性创新来说只是一个小问题。

简而言之，探索性创新对新知识的需求使 RE 的正负两方面都具有相关性。随着发明家 RE 的增加，他将体验到深度知识和信任收益，这些收益以递减的速度增长，并最终趋于平稳；他将体验到探索新知识的成本不断增加。根据汉斯、皮特斯和何（Haans, Pieters and He, 2016）的研究，我们认为正曲线和负线性机制的叠加会导致 RE 与探索性创新的关系呈倒"U"型。因此，我们假设如下：

假设 5-1a：RE 对利用性创新有正向影响；

假设 5-1b：RE 与探索性创新呈倒"U"型关系。

2. 结构嵌入性（SE）与创新

SE 指的是行动者倾向于与那些与自己共享共同第三方合作关系的发明者进行联合发明的可能性。高 SE 意味着密集网络中的发明者彼此紧密相连，形成"封闭网络"（Gargiulo, Ertug and Galunic, 2009）。发明人的 SE 有利于其创新，无论从利用性创新还是从探索性创新方面来看都是如此。密集协作网络的优势包括合作规范、声誉关注和互惠交换——所有这些对创新都很重要（Obstfeld，2005）。关于规范与封闭性的核心观点认为，封闭性能够有效约束个体行为，使其更好地服务于集体利益（Coleman，1988）。集体规范在一个封闭的网络中发展，这为制裁提供了基础。密集的网络构成了阻止机会主义的保障，因此，密集网络中的发明家可以自由地创造、接收、分享和利用彼此之间的信息和知识（Zaheer and Bell，2005）。就声誉而言，密集的网络有助于建立可靠的声誉机制，并减少可能的机会主义行为（Gargiulo et al.，2009）。一些实证研究支持这样一种观点，即封闭网络维持并增强了规范、权威和制裁（Ahuja，2000b）。例如，辛姆塞克、卢巴特金和弗洛伊德（Simsek，Lubatkin and Floyd，2003）认为，封闭网络形式的SE促进了认同感和共享规范。由于创新的实验性质，当他们通过共同的第三方合作伙伴断开连接时，发明家识别和评估潜在合作者的难度会增加（Gilsing et al.，2008）。密集的网络结构有助于增强合作者在创新过程中的可靠性，降低其在动机和能力方面的风险与不确定性，同时减少知识交换过程中的机会主义行为风险。

发明家的SE也会对他的创新产生不利影响。然而，我们预计不同类型的创新对知识的要求不同，这导致了SE与不同类型创新之间的关系不同。具体而言，我们认为SE与探索性创新呈倒"U"型关系，而与利用性创新呈正相关关系。我们也遵循汉斯等（Haans et al.，2016）的逻辑来解释SE与探索性创新之间的倒"U"型关系。

首先，虽然与共同的第三方形成紧密的三位一体关系可能会增加提升焦点发明家探索性创新绩效的机会，但其对探索性创新知识创造的边际收益会递减（Jansen et al.，2006）。与其他合作伙伴进行知识组合的潜在机会自然是有限的。一个日益密集的网络最终会导致极少的知识创造增加，进一步的密集嵌入性不再被认为是有效提供知识组合的潜在机会。

其次，高SE也是有代价的。稀疏的自我网络提供了比密集的自我网络更必要的多样化知识和视角（M. A. Mcfadyen，Semadeni and Cannella，2009）。因此，高密度网络的主要缺点是寻找新思想和新知识的成本很高（Zaheer and Bell，2005）。密集的结构会产生冗余，特别是当发明者的目的是获取新知识时。当发明人建立并维持冗余关系时，冗余的成本就会增加。此外，密集的网络可以实现声誉效应，并约束自我网络内的行为。然而，密集的网络也可能会带来趋同的压力，而不是采取不同或自由的行动（Zaheer and Bell，

2005）。密集的网络缺乏获取多样化知识的途径和对不同网络成员的容忍度（Cannella and Mcfadyen，2016），因此，当网络变得更密集时，获取新颖性的机会就会更少。因为"每个人都知道每个人知道什么"（Gilsing et al.，2008），搜索新思想和新知识的成本变得更高。利用性创新建立在现有知识的基础上，强化了现有的技术、技能和流程（Jansen et al.，2006）。因此，SE 的负面影响对于利用性创新来说只是一个小问题。相反，探索性创新需要新的知识。这种对新知识的需求使得 RE 的正负两方面都具有相关性。综上所述，对于探索性创新，SE 的效益呈递减增长，而成本呈线性增长。因此，综合考虑，并根据汉斯等（Haans et al.，2016）的观点，我们假设如下：

假设 5-2a：SE 对利用性创新有正向影响；

假设 5-2b：SE 对探索性创新具有倒"U"型效应。

5.2.2　小世界商数的调节作用：整体网络层面

1. 关系嵌入性、创新与小世界商数

本章将参与者的全局小世界属性与局部嵌入性结合起来考虑。小世界属性是指高局部聚类和短全局分离的一致性。我们使用小世界商数来测量小世界属性。我们认为，小世界商数增强了 RE 对利用性创新和探索性创新的积极作用。先前的研究认为，小世界结构中，合作者重复互动的概率将很高，他们将能够建立相互信任的关系（Y. Wang and Vassileva，2003）。因此，小世界结构可以更容易地引入共享的社会规范和制裁，从而促进组织内部的协作、信息汇集和风险分担（Fleming et al.，2007；Uzzi and Spiro，2005）。如前所述，RE 可能会导致合作伙伴之间的熟悉程度、深度知识共享和信任水平的提高。给定特定的 RE 水平，我们期望当焦点组织的小世界商数增加时，合作者之间的知识共享和信任被放大。因此，小世界结构可以促进深度知识共享和信任，从而增强 RE 对利用性创新和探索性创新过程的积极影响。汉斯等[①]认为小世界结构对 RE 潜在正曲线机制的调节作用表现为 RE 与探索性创新的倒"U"型关系的趋陡，因此，假设如下：

[①] 根据汉斯等（Haans et al.，2016）的观点，潜在线性机制受到调节变量的影响，可发展出倒"U"型转折点的偏移论证；而倒"U"型形状变化的论证则可通过假设潜在机制的曲线性受到调节变量的影响来理论化。在本章中，由于我们关注倒"U"型的形状变化，因此仅讨论潜在正向曲线性机制如何受到调节。

假设 5-3a：小世界商数正向调节 RE 与利用性创新的关系；

假设 5-3b：小世界商数负向调节 RE 与探索性创新的倒"U"型关系。

2. 结构嵌入性、创新与小世界商数

在假设 5-2 中，我们解释了 SE 与创新之间关系的潜在积极机制。我们进一步认为，发明家位于小世界网络中的程度可以放大 SE 的创新增益。给定特定的 SE 水平，我们认为，当企业的小世界商数增加时，发明家通过参与共同的社会规范和互惠交换来创造知识的潜在机会被放大，因此小世界商数会增强 SE 对利用性创新的正向作用，SE 与探索性创新之间的倒"U"型关系会变陡。小世界网络以其在局部上的密集连接和短路径为特点，被认为对紧密合作和信息传播具有积极作用，并能够从远距离的联系中引入新颖的想法（Uzzi and Spiro，2005）。一个网络越是表现出它的小世界结构，个体之间的联系就越多。具有小世界特征的网络为成员提供了彼此的附加信息，使知识交换能够向前发展。因此，小世界结构可以通过加强凝聚力水平来强有力地支配成员的行为（Uzzi and Spiro，2005）。因此，当小世界商数较高时，由于小世界是一个高度聚集和相互联系的网络结构，SE 所创造的封闭网络效益将会被强化。因此，假设如下：

假设 5-4a：小世界商数正向调节 SE 与利用性创新的关系；

假设 5-4b：小世界商数负向调节 SE 与探索性创新的倒"U"型关系。

5.3 研究方法

5.3.1 样本选择和数据收集

为了控制网络边界，我们以美国一家领先的可替代能源公司为背景对假设进行了测试。该公司是可替代能源领域最大的专利生产商之一。之所以选择这家公司，是因为技术创新在这个行业中至关重要，而且该公司还拥有专利记录的纵向数据集，反映出其技术创新的良好指标。此外，该行业对知识产权的保护力度也相当强。我们研究的问题之一是发明家的 RE 和 SE 如何影响他们的探索性创新与利用性创新。本章调查的发明家是我们的研究样本，是所有具有 RE 和 SE 的发明家的一部分。在这种情况下，我们的研究对象是一个样本，而不是总体。我们选择同一家公司的发明家作为研究样本，因为这样能够控制网络边界，并避免跨公司专利倾向差异（C. Wang et al., 2014）。综上所述，我们的数据分析基于该样本，并在此样本上应用了推论统计。

我们在美国专利商标局（USPTO）的纵向数据集上测试了这些假设，其中包括该公司1998~2013年活跃的专利活动。我们使用了共同专利网络（利用SCI2工具提供的模块），在这种模式下，如果两个发明家名称的相似性超过95%的阈值，我们将网络中的重复发明家合并为单个发明家。该专利数据库从1998年到2013年，共包括1 561名发明家。我们使用五年窗口来构建共同发明家网络，以在调查我们的网络时达到高精度。最终的网络重叠，并相应地分为11个时期（即1998~2002年，1999~2003年，……，2008~2012年）。为了检验我们的假设，我们使用了前一时期的自变量和随后一年的因变量的滞后结构。以2000~2004年的专利文献为例，通过构建协作网络，度量RE和SE，计算出2005年发明家的探索性创新和利用性创新。面板不平衡，纵向观测总数为6 810个。

5.3.2 变量测量

1. 因变量

探索性创新和利用性创新。美国专利商标局的专利明细包含四位数的国际专利分类，可以视为知识边缘要素的良好代理（Yayavaram and Ahuja, 2008）。因变量探索性创新和利用性创新可以用知识要素的数量来说明。具体来说，如果一个知识元素在前五年（t-5~t-1）没有出现在参与者的技术分类组合中，但在随后的观察年（t）中出现，则被认为是探索的（C. Wang et al., 2014）。相反，在过去五年中获得专利并且在观察年度中至少获得一项专利的知识要素被标记为利用型要素。因此，如果一项专利涉及至少一个探索式技术领域，那么它就是探索式的；如果一项专利完全涉及可利用式技术要素，那么它就是可利用式的。此外，我们根据专利族规模对专利进行加权，以提供比简单专利数量更少的噪声创新指标。

2. 自变量

关系嵌入性（RE）和结构嵌入性（SE）。尽管存在一些明显的局限性，但自我网络中直接联系的特征（如协作重复性）被广泛接受为RE的代表（Meuleman et al., 2010; Rowley et al., 2000）。通过与他人的互动，人们可以访问和利用嵌入在其关系中的资源。因此，关系强度代表了行动者对其合作伙伴的了解程度。乌齐和斯皮罗（Uzzi and Spiro，2005）指出，纽带及其强度是花在这段关系上的时间、情感强度、关系的亲密度和相互行为的组合。当行为者们建立起牢固的关系时，他们会相互了解，变得更加熟悉和依赖，从而培养信任。互动的历史会逐渐增强，并反过来促进信任、承诺、互惠服务、长期愿景和细粒度信息的分享（Powell，1990）。根据相关五年期间的共同发明家矩阵，使用以下公式计算 RE：

$$RE = \frac{\sum_{k=1}^{n} \delta_{ki}}{n} \quad (5-1)$$

其中，n 为发明家 i 的唯一共同发明家数量，δ_{ki} 为发明家 k 和 i 在上述五年窗口期间共同发明的专利总数。该指标衡量的是发明家与其合作伙伴共同发明专利的倾向。

我们使用先前研究人员提出的自我网络密度来测量 SE（Rogan，2014；Rowley et al.，2000）。自我网络密度是焦点发明家的间接联系数量除以他/她的改变者之间可能的最大联系数（Scott，1991）。我们使用以下公式计算了发明家 i 在相关五年期间的 SE：

$$SE = \frac{Actual\ indirect\ ties}{g(g-1)/2} \quad (5-2)$$

其中，实际间接联系是指与发明家 i 有合作关系的合作伙伴之间的联系数量。进一步而言，g 是一个自我在网络中伙伴的数量。可能联系的理论最大值为 $g(g-1) \div 2$。通常，当以自我为中心的网络规模增大时，公式（5-2）中分子和分母的值都可能增大。当我们将间接联系除以可能联系的最大数量时，这个度量也在类似的尺度上。因此，它不一定会随着以自我为中心的网络规模的减少而逻辑地增加或减少。例如，A 与 B 共同发明了一项专利，与 C 共同发明了三项专利，与 D 共同发明了两项专利，因此 A 的 RE 值为 $6 \div 3 = 2$。此外，A 的合作伙伴之间的联系数为 1（C 和 D 之间的联系），合作伙伴之间的最大可能联系数为 $3 \times 2 \div 2 = 3$。因此，A 的 SE 值为 1/3。

3. 调节变量

小世界商数：为了计算小世界商数，我们首先使用以下公式计算每个网络的聚类系数（Newman，Watts and Strogatz，2002）：

$$C_{total}(G) = \frac{3 \times G_{\Delta}}{3 \times G_{\Delta} + G_{\Lambda}} \qquad (5-3)$$

在上面的方程中，G_{Δ} 表示三个顶点的集合，每个顶点都与另外两个顶点接触。G_{Λ} 表示三个顶点的集合，其中至少有一个顶点与另外两个顶点接触。接下来，为了测量每个时间段的平均路径，我们使用了整体平均路径度量：

$$L = \sum_{i \geqslant j} \frac{d_{ij}}{\frac{1}{2}n(n+1)} \qquad (5-4)$$

其中，d_{ij} 为节点 i 和 j 之间的最短距离，n 表示网络中顶点的数量。最后，我们使用 Pajek 和 Erdos-Renyi 模型创建了与真实网络大小相等（即节点大小和平均节点度相同）的随机网络（Albert，Jeong and Barabási，2000），小世界商数（Q）计算为：

$$Q = \frac{C/C_R}{L/L_R} \qquad (5-5)$$

其中，C/C_R 表示真实网络的聚类系数与随机值的比值，L/L_R 表示真实网络的平均路径与随机值的比值。

4. 控制变量

我们在本章中加入了一些控制变量。我们纳入了节点的中介中心性（Betweenness Centrality），这代表发明家控制资源的能力。直接联系是五年期间焦点发明家自我网络的规模（即唯一合作伙伴的数量）。员工人数是该公司在相关五年期间的平均员工人数。该变量根据 Compustat 数据库计算，单位为千人。我们注意到，2000 年以后小世界商数下降，因此，我们纳入了一个二元变量：2000 年前后（2000 年前为 0，否则为 1）。合作密度可以测量每个时间段内整个合作网络的密度。该指标的取值范围为 0 到 1，数值越大表示网络越密集。知识要素表示发明家知识的广度，即发明家在五年期间所涉及的工业子类的数量。专利存量以发明家在焦点观察窗口之前的五年内获得的专利数量来计算。这一措施可用于控制未观察到的异质性。探索式存量是衡量发明家在观察期前五年探索性创新数量的变量，利用式存量是指观察期前五年的利用性创新数量。

5.3.3　模型和方法

被解释的变量为计数变量，数据的过度分散表明负二项模型（Negative

Binomial models，NB）适用于预测因变量。由于数据计数为零的数量过多，采用 Vuong 检验来确认零膨胀问题（p<0.05）。因此，我们使用零膨胀负二项回归（ZINB）（Vuong，1989）。

ZINB 模型是改进的泊松回归模型，旨在处理两个常见的问题——过度分散和多余的零，这两个问题在使用泊松模型计算数据时发生。此外，ZINB 回归模型也被用于卫生服务和经济领域。该方法的基本思想是观察者的参与决策和阳性计数受到独立过程的影响。ZINB 模型考虑两种不同的数据生成过程，一种为零计数数据，另一种为非零计数数据。标准的方法是分两步对数据进行建模：首先，使用 Logit 模型对二进制过程建模；其次，使用 NB 回归对计数过程建模。ZINB 模型允许我们估计多余的零是由分裂机制还是由未观察到的异质性引起的。相应地，它的回归过程由两个不同的部分组成，方程如下：

$$P(n_i) = \begin{cases} q_i + (1-q_i)R_i(0), & n_i=0 \\ (1-q_i)R_i(n_i), & n_i>0 \end{cases} \quad (5-6)$$

该模型假定 $n_i=0$，q_i 表示零膨胀过程的概率，n_i 为 NB 分布，$1-q_i$ 表示非零计数数据来源于负二项分布的概率。而且，$R_i(n_i)$ 是分布在非负整数 n_i 上的概率函数，公式如下所示：

$$R_i(n_i) = \frac{\Gamma(\Theta+n_i)}{[n_i!\ \Gamma(\Theta)]}u_r^{\theta}(1-u_i)^{\theta} \quad (5-7)$$

式中，$\theta=1/\alpha$（α 为色散参数），$u_i=\theta/(\theta+\lambda_i)$（$\lambda_i$ 为均值）。

5.4 分析和结果

在我们的模型中，最高的方差膨胀系数为 4.95，这表明不存在多重共线性问题。表 5-2 报告了探索性创新和利用性创新采用 ZINB 估计的回归系数，括号内的数字表示回归系数的标准误差。模型 1 和模型 5 表示包含所有控制变量的基本模型，模型 2 和模型 6 添加自变量及其平方项。模型 3 和模型 7 加入了调节变量。模型 4 和模型 8 是具有交互项的完整模型。假设 5-1a 和假设 5-2a 提出，RE 和 SE 都促进了利用性创新。模型 6 的结果为这些假设提供了强有力的证据（$\beta=0.234$，$p<0.01$；$\beta=0.933$，$p<0.01$）。假设 5-1b 和假设 5-2b 表明，RE 和 SE 与探索性创新呈倒"U"型关系。模型 2 的结果证

实了这些假设。相关系数和 SE 的平方项系数均符合预期符号，且具有统计学意义（$\beta = -0.054$，$p < 0.01$；$\beta = -1.38$，$p < 0.05$）。然而，模型 4 中 SE 的平方项系数没有统计学意义。因此，我们得出结论，假设 5-1b 得到支持，而假设 5-2b 不被支持。假设 5-3a 和假设 5-4a 预测，小世界商数正向调节 RE—利用性创新关系和 SE—利用性创新关系。在模型 8 中，相互作用项（RE×Q 和 SE×Q）的系数在 $p < 0.1$ 水平上为正且显著（$\beta = 0.002$，$p < 0.05$；$\beta = 0.006$，$p < 0.1$）。我们的结论是：假设 5-3a 得到支持，而假设 5-4a 不被支持。相反，假设 5-3b 和假设 5-4b 预测，小世界商数负向调节 RE—探索性创新曲线关系和 SE—探索性创新曲线关系。在模型 4 中，$RE^2 \times Q$ 的系数为负且显著（$\beta = -0.568$，$p < 0.05$），而 $SE^2 \times Q$ 的系数为负但不显著（$\beta = -0.526$，n.s.）。因此，假设 5-3b 得到验证，而假设 5-4b 不被支持。

表 5-2　　　　　　　　　　回归分析结果

项目	探索性创新				利用性创新			
	模型 1	模型 2	模型 3	模型 4	模型 5	模型 6	模型 7	模型 8
RE		0.348** (0.123)	0.337** (0.126)	0.337** (0.116)		0.234** (0.052)	0.234** (0.052)	0.229** (0.052)
SE		-0.286 (0.271)	-0.31 (0.278)	-0.384 (0.311)		0.933** (0.12)	0.923** (0.121)	0.93** (0.12)
控制变量	是	是	是	是	是	是	是	是
RE^2		-0.054** (0.018)	-0.053** (0.018)	-0.052** (0.015)				
SE^2		-1.38* (0.642)	-1.351* (0.656)	-1.036 (0.947)				
Q			0.006* (0.003)	0.006+ (0.003)			-0.003 (0.003)	-0.003 (0.003)
RE×Q				0.003+ (0.002)				0.002* (0.001)
SE×Q				0.001 (0.004)				0.006+ (0.003)
$RE^2 \times Q$				-0.568* (0.291)				
$SE^2 \times Q$				-0.526 (1.203)				
常数项	-0.77*	-0.329	-1.901*	-1.946*	-2.981**	-2.556**	-1.841**	-1.783*

续表

项目	探索性创新				利用性创新			
	模型1	模型2	模型3	模型4	模型5	模型6	模型7	模型8
LR chi^2	176.23	195.63	198.82	202.53	663.07	728.81	730.00	739.01
Log likelihood	-3703.831	-3694.127	-3692.532	-3690.676	-4847.227	-4814.357	-4813.762	-4809.255
Likelihood-ratio test		19.41**	22.60**	26.31**		65.74**	66.93**	75.94**

注：RE：关系嵌入性；SE：结构嵌入性；Q：小世界商数；N=6810；+表示$p<0.1$；*表示$p<0.05$；**表示$p<0.01$。括号内为标准误。为方便起见，模型4中的$RE^2 \times Q$的系数被乘以10的五次方。

我们进行了多次检验以增加结果的可靠性。第一，我们重新计算并采用了另一种测量利用性和探索性创新的方法。具体来说，在前五年整个公司的技术分类组合中缺少的知识要素，但在随后的焦点年出现，被认为是探索的；否则，它就是一种利用式元素。接下来，我们将利用性和探索性创新作为专利，引用加权的利用性和探索性专利计数进行计算。第二，我们采用了另一种衡量RE的方法：共享伙伴。RE的一个重要方面是共享经验、共同规范以及类似的义务和期望。因此，共享伙伴的数量在一定程度上反映了RE。此外，有证据表明共享伙伴可以促进稳定并鼓励交流（Rutten and Boekema, 2007）。我们将这一变量计算为共同合作发明人的数量，重点发明人及其合作伙伴都与这些共同发明人有合作关系。第三，由于创新和网络嵌入性之间可能存在反向因果关系，我们需要处理内生性问题。焦点企业的技术竞争者数量被用作网络嵌入性的工具变量。具体而言，如果两个发明人在同一技术领域进行了发明，则将其视为竞争对手。一些研究表明，行动者的竞争对手占据了相同的利基或条件，可能会影响行动者在合作中的关系（Ryu, McCann and Reuer, 2018）；然而，这一变量不太可能与该行动者的创新绩效直接相关。通过Hausman检验，我们发现RE可能存在内生性问题。结果证实了表5-2中的结果在校正潜在的内生性时是稳健的。第四，我们进行了极值检验。使用Winsor技术对两个因变量进行了调整，以减少在第99百分位数处异常值的影响。第五，我们回归了所有利用性创新的平方项和交互项的完整模型，以经验验证网络嵌入性与利用性创新之间的关系不是曲线关系。第六，我们利用Sasabuchi开发的方法进一步检验倒"U"型关系的存在

(Guan, Yan and Zhang, 2017; Sasabuchi, 1980)。观察到 Sasabuchi t-检验显著，为我们的假设提供了额外的证据（t 值 = 2.90；p 值 < 0.01）。探索性创新的 RE 极值点（或拐点）估计为 3.24。使用 Fieller 方法估计该极值点的 95% 置信区间（CI）为 [1.91, 4.53]，使用估计极值点的 Delta 法为 [2.18, 4.31]。RE 的取值范围是 0~17，因此，估计的极值点及其置信区间都在这个范围内。我们没有报告探索性创新 SE 的估计极值点，因为它的统计不显著。所得结果与我们之前的结果基本一致。

5.5　结论和讨论

本章的目的是研究特定嵌入性如何影响不同的创新活动，我们认为嵌入性的影响取决于全球范围内不同的网络结构条件。研究发现，RE 和 SE 对利用性创新具有正影响，而对探索性创新具有倒"U"型影响。此外，协作网络的小世界商数水平正向调节上述线性关系，负向调节上述非线性关系。本章从以下几个方面对网络嵌入性和创新相关文献作出了一些理论贡献。

首先，本章强化并阐明了网络嵌入性的多面性。我们通过区分 RE 和 SE，进一步实证检验不同类型的网络嵌入性对创新绩效的影响，对网络嵌入性文献进行了进一步的研究。与莫兰（Moran, 2005）的观点类似，我们分析了结构型嵌入和关系型嵌入的不同影响，从而更全面地描绘了网络嵌入性如何影响探索性和利用性创新。我们扩展了之前的方法，验证了 RE 和 SE 在追求不同创新方面的强大解释力，并强调了行为体在网络中的有效性同时取决于多个嵌入水平（Granovetter, 1992; Vanhaverbeke et al., 2009）。

其次，我们提出了网络嵌入性的悖论视角。我们的工作不仅仅是测试网络嵌入性对创新结果的促进作用。我们认为，将解释创新绩效的观点分开是有问题的。在多重视角的整合中，我们提出了曲线视角而非线性视角。我们的研究结果与之前的一些研究不同，这些研究表明网络嵌入性有利于影响绩效（Uzzi and Gillespie, 2002）。然而，我们的研究结果也与一些研究保持一致，这些研究提出了网络嵌入性对结果的双重影响。我们通过将探索性创新和利用性创新作为两种结果形式来促进这一趋势。具体来说，网络嵌入性在自我层面影响探索性创新和利用性创新的具体机制还远远不够先进，我们填

第 5 章 创新合作网络的嵌入和创新：基于可再生能源领域的研究

补了创新研究中的这一空白。

最后，本章通过使用自我网络视角（Ahuja，2000a）和全球网络视角（Schilling and Phelps，2007；Uzzi and Spiro，2005）推进了对网络—创新关系的理解。小世界属性作为全球网络层面个人行为的强大驱动力（Schilling and Phelps，2007；Uzzi and Spiro，2005），已被认为在塑造经济和创新活动中发挥重要作用。我们的工作建立在先前的研究基础之上，这些研究表明，网络结构的影响可能取决于个人吸收能力、个人所在公司的网络位置（Paruchuri，2010）、环境（Jansen et al.，2006）等。我们的研究结果与一些先前研究的观点一致。例如，麦克法登等（M. A. Mcfadyen et al.，2009）发现密度与联系强度相互作用，对知识创造产生影响，谢林和菲尔普斯（Schilling and Phelps，2007）提出创新绩效随网络的聚类水平和覆盖范围而变化。

本章也作出了一些实践贡献，即敦促发明家和管理者考虑他们的技术合作战略。创新的根源不仅在于利用现有的方法和技术，还在于探索新的技术和想法。我们的研究表明，创新中的有效利用和探索需要发明家配置适当的自我网络结构，因此，发明家应该更加注意调整 RE 的水平。例如，寻求利用式活动的发明家需要专注于发展牢固的关系。虽然发明家可能能够控制合作的次数（RE），但他们无法控制与谁合作（SE），甚至无法控制小世界商数。因此，企业管理者和政策制定者可以将他们的管理注意力放在帮助发明家在企业内部网络中建立联系结构上，如授予他们联合项目。我们的研究表明，整个组织内部网络的小世界属性决定了 RE 和 SE 的有效性。因此，管理者可以利用这些见解来管理公司内部的协作关系。例如，管理者可以鼓励和采用有效的组织内部知识联系，促进发明家间的知识转移。虽然不可否认，网络嵌入性和小世界结构对知识管理很重要，但在选择合作伙伴时，发明家和管理者还要考虑其他因素，如可用性、专业知识和工作方式。未来的研究需要深入了解这些选择因素与网络特征间的相互作用。

本章还存在一定的局限性。首先，研究样本仅限于一家公司，因此很难将本章的发现推广到其他样本中。未来的研究可以在更大的样本或群体中检验理论模型。其次，我们在本章中专注于个体层面。然而，创新是一个多层次的现象，未来的工作可以考察不同层次之间的相互作用（如个人作为第一层，部门作为第二层）。最后，本章使用的是历史专利数据，所以我们无法直接观察到心理层面的作用。在本章中，RE 是通过发明家的直接联系的平均重复性来衡量的。RE 的特点是熟悉和信任,这可能不能被直接关系的平均重复完全捕获。未来的工作可以考虑 RE 的不同维度,深入观察发明家之间的社会互动。此外,对 RE 和 SE 与新质生产力的关系,还可以在可再生能源领域展开研究。可再生能源领域是技术创新最活跃、产业发展最迅速的领域之一。在该领域,企业、高校、研究机构等多元主体通过创新合作网络嵌入实现了技术创新、生产要素优化配置和产业结构升级转型等方面的突破,为新质生产力的形成和发展提供了重要支撑。

第6章

当新合作伙伴挤掉现有合作伙伴时：网络断层的调节作用

6.1 引　　言

风险投资（Venture Capital，VC）合作伙伴的预期贡献是选择合作伙伴的关键动机（Meuleman et al.，2010），隐含和间接地表明联盟可以通过增加新的合作伙伴来提高绩效。然而，这方面的研究忽略了联盟是否会因新的合作伙伴增加而遇到不利变化，从而导致预期收益无法实现。本章提出了一个可能性，即现有合作伙伴的退出。[①] 我们认为，当新合作伙伴使现有合作伙伴面临更重大的个人风险时，现有合作伙伴退出是完全有可能的。此外，我们将风险投资的退出决策视为风险和收益的权衡，以促进研究。这比之前研究风险投资行为的文献更全面、更现实。

新质生产力通常指的是由新技术、新业态、新模式等创新要素驱动的生产力形态，它强调创新、高效和可持续性。在风险投资的情境下，新质生产力往往与新兴科技企业、创新项目或高科技产业紧密相关。我们探讨了风险投资合作伙伴的选择动机、联盟绩效的潜在风险以及退出决策的风险和收益权衡。这些议题对于理解风险投资如何促进新质生产力发展和提升具有重要作用。

通过伙伴关系进行的知识泄露（Devarakonda and Reuer，2018；Ritala et al.，2015）会危及公司的可持续竞争优势（Frishammar et al.，2015；Hernandez

---

[①] "风投退出"：风投公司将不再参与所有后续投资轮。毫无疑问，风投公司可以在任何一轮终止投资。此时，退出的风投公司持有的股权可能不会出售给其他合作伙伴，但会不断稀释。

et al.，2015；Oxley and Sampson，2004）。尽管合作伙伴选择是一个集体决定（Wright and Lockett，2003），但一些现有合作伙伴对这些不受欢迎的新合作伙伴的反对可能是无效的（Zhang and Guler，2019）。此时，合作伙伴需要共享知识以追求共同利益（Gnyawali and Park，2011），同时保护其专有知识免受竞争对手的侵害。这种困境加剧了内部紧张局势，导致联盟不稳定（Fernandez and Chiambaretto，2016），甚至可能会导致合作伙伴离开（Bruyaka et al.，2018）。因此，不同的个人风险导致现有合作伙伴对新合作伙伴的态度不同。与其他合作伙伴不同，意识到紧迫个人风险的现有合作伙伴可能会决定退出联盟。因此我们认为，由于新合作伙伴的加入，联盟内的竞争强度与个人风险呈正相关关系。

　　风险投资联盟旨在选择能够为投资组合公司的后期管理贡献专业知识的合作伙伴，以最大限度地提高投资回报。新合作伙伴的知识[①]是否符合联盟的需求，能否被联盟有效利用，是促进整个联盟共同利益提高的关键因素。吸收能力理论表明，联盟应该拥有先验知识，以便有效识别和利用外部知识（Cohen and Levinthal，1990；Mitsuhashi and Greve，2009）。我们使用联盟与新合作伙伴的投资组合相似性来捕捉知识匹配和吸收，并因此认为它与共同利益呈正相关，但由于知识深度和冗余的限制，边际效应会减弱。这种积极的联系也解释了为什么大多数现有成员都欢迎新的合作伙伴加入联盟。

　　当两家风险投资公司在同一市场投资不同初创企业时，彼此之间可能产生竞争。风险投资公司的出资方，即有限合伙人，通常多样化配置其资产以分散风险（Heidl et al.，2014；Zhelyazkov，2018）。因此，当两家风投的投资组合高度相似时，它们实际上是在争夺来自同一有限合伙人群体的资本资源。由此，投资组合的相似性加剧了风投公司之间的竞争，并增加了其面临的风险的暴露程度。我们认为，联盟与新合作伙伴的投资组合相似性的增加促进了现有合作伙伴感知到的共同利益。然而，合作伙伴退出是一种风险—收益权衡。知识泄露的风险达到个人风险逆转预期的共同利益份额（以下简称私人利益）的阈值时，现有合作伙伴将离开联盟。因此，我们提出，联盟与新合作伙伴的投资组合相似性与现有合作伙伴的退出可能性呈"U"型关系。

　　我们进一步认为，退出的风险收益权衡会受到合作伙伴网络特征的影响。

---

① 这里提到的知识不仅包括技术知识，还包括行业观察、内部运营、渠道连接等领域的知识。

首先，我们考虑风险投资公司之间的联系异质性，如联系强度。以联系强度变化为标志的断层形成了子群体（Lau and Murnighan，1998），并限制了子群体外的凝聚力，加深了"关系断层"，导致子群体间的无效沟通和冲突（Thatcher and Patel，2012）。然而，每个子群体内的成员可能会基于过去互动产生的信任而团结起来，分享知识，以实现他们的共识目标。这种做法限制了联盟的整体吸收能力，可能导致对共同利益的预测较低。其次，我们关注节点异质性，即风险投资公司网络地位的差异。通过其网络地位获得的知识优势有助于风险投资公司与其他合作伙伴就共同利益分配进行讨价还价（Ozmel et al.，2017）。当网络位置的不平等导致合作伙伴的吸收能力出现差距时，"结构断层"就会加深，其他合作伙伴可能会在共同利益分配中屈服于看门人。看门人还可能会通过控制知识共享来寻求独享利益。因此，这两种网络断层都通过减少私人利益来增强新合作伙伴对现有合作伙伴的挤出效应。

在本章中，我们力求作出以下研究贡献。第一，本章是最早探索关系形成对关系解散影响的研究之一，可以加深对网络演化的理解。更重要的是，不控制对其他合作伙伴的影响，分析合作伙伴的进入和退出的影响研究，准确性存在问题。现有联盟文献通常只分别讨论合作伙伴的进入（Wang，2020）和退出（Bruyaka et al.，2018；Guler，2007）。第二，我们同时考虑多层次网络成因：二元关联风险和群体共同利益。第三，我们整合了经济和社会学方法，将风险投资退出决策视为适用于不同动态情况的风险收益权衡。第四，我们研究了在合作伙伴网络的关系和结构断层下这种"U"型关系的边界条件，补充了群体动力学在组织间协作中的作用。第五，本章的结论为风险投资公司提供了合作伙伴选择和联盟治理的建议，并为风险投资组合管理中的初创企业提供了建议。

我们基于 VentureXpert 数据库和 ORBIS 数据库，利用 1985～2016 年的风险投资数据，实证检验了风险投资联盟合作伙伴的进入和退出的关系。

6.2　理论框架和假设

6.2.1　知识泄露风险

知识是风险投资的重要资产。风险投资为初创公司提供资金，以换取股权,并通过成功退出（如上市或被收购）获得回报。换句话说,一家新企业的成功或失败决定了风险投资公司能否获得回报以及多少回报。风险投资公司可以通过两种方式寻求高额利润：一是成为更好的"球探",确定前途更光明的目标；另一种是通过分享营销、战略方面的见解,以及与外部各方建立联系,成为更好的"教练",提高目标的价值。"球探"和"教练"都要求风险投资家拥有丰富的独特知识储备（Baum and Silverman, 2004）。因此,风险投资不仅需要积累知识,更重要的是必须保护知识。

风险投资联盟使合作伙伴面临知识泄露的风险。基于先前的研究,在这项研究中,我们将知识泄露定义为向联盟伙伴转移的个人知识被不受控制地或有害地披露。过去的研究证明,多伙伴联盟可能会导致知识泄露（Devarakonda and Reuer, 2018）。风险投资联盟也是如此。此外,风险投资公司还充当顾问、教练或监督者,为投资组合公司提供支持（Baum and Silverman, 2004; Lerner, 1995）。这些行动要求在风险投资联盟内部披露个人信息。尽管风险投资公司可以先发制人地限制向联盟提供的信息和建议,但这种做法有时是不可行的。例如,为了证明自己的实力或为合作伙伴提供合作信心,联盟可能会要求风险投资公司披露其资本储备。此外,合作伙伴对私人利益的追求可能会激励他们采取机会主义行动（Das and Teng, 2001）,包括故意盗用其他合作伙伴的知识。此外,在联盟内部风险投资公司员工之间的频繁沟通中,一些专有知识可能会在无意中泄露（Jiang et al., 2013; Ritala et al., 2015）。

当新合作伙伴是其竞争对手时,现有合作伙伴会意识到更严重的竞争风险。向竞争对手泄露知识会严重损害公司的竞争优势（Baum et al., 2000; Hernandez et al., 2015; Oxley and Sampson, 2004; Park and Russo, 1996）。在风险投资行业,竞争对手可能会根据盗用的知识推测风险投资公司的战略,并引导他们的企业在同一领域竞争。在现有合作伙伴看来,竞争对手更有动力在联盟内部采取机会主义行为。因此,现有合作伙伴意识到,在其竞争对手加入风险投资联盟后,留在联盟中可能会承担更高的风险成本,有可能退出联盟。

6.2.2 投资组合相似度

风险投资联盟的共同利益,即投资回报,取决于被投资公司的业绩。联盟中的每个合作伙伴都拥有其共同利益的份额,也称为私人利益。如前所述,

第 6 章　当新合作伙伴挤掉现有合作伙伴时：网络断层的调节作用

如果风险投资公司是一个更好的"球探"或"教练"，它可以寻求更高的回报（Baum and Silverman，2004）。一个风险投资集团已经锚定了后续轮次的投资目标，所以它更喜欢"教练"。风险投资主要依靠知识资源来指导投资组合公司。从联盟的角度来看，新合作伙伴的知识能否满足其需求并被利用，将影响共同利益。此外，知识结构（广度、深度）是一个不容忽视的因素，直接决定了它的价值。本章基于知识匹配和吸收能力两个理论，具体阐述了外部知识对联盟的贡献。然后，对风险投资的投资行为进行划分，以获得有关新合作伙伴知识结构的更详细信息，从而探索共同利益的变化。

首先，与联盟具有较高投资组合相似性的新合作伙伴可以提供更多匹配的知识资源。资源匹配是指合作伙伴为实现彼此的合作目标而必须拥有的资源（Mitsuhashi and Greve，2009）。尽管公司通常倾向于与资源更丰富的组织合作（Ahuja，2000b），但相比之下，资源匹配的合作伙伴更为有用，因为冗余资源无法创造额外价值。风险投资家可以通过每次投资积累对行业的了解，丰富自己的"知识库"。风险投资公司还可以通过塑造有利的网络联系来创造社会资本，从而获得独特的知识（Inkpen and Tsang，2005）。当新合作伙伴和联盟之间的投资组合高度相似时，新合作伙伴和财团的投资利益更接近，这样新合作伙伴就可以积累更多的知识来满足联盟的需求。

其次，如果联盟与新合作伙伴的投资组合相似性更高，那么联盟对新合作伙伴外部知识的吸收能力会更强。吸收能力的定义是企业识别、吸收和利用外部知识创造更多价值的能力（Cohen and Levinthal，1990）。尽管吸收能力的概念通常在研发领域进行讨论，但它也可以应用于风险投资行业（Dal Zotto，2003）。此外，由于风险投资公司通常从其投资组合中开发其知识库，当联盟与新合作伙伴的投资组合具有很高的相似性时，联盟拥有一定程度的先验知识。与新的外部知识相关的先验知识有助于识别和评估新合作伙伴的知识（Cohen and Levinthal，1990）。公司的吸收能力主要取决于其在特定领域的知识水平（Cohen and Levinthal，1990）。正确利用外部知识有助于提升公司的绩效。因此，我们预计，当联盟具有相应的优秀吸收能力时，通过融资会议和其他场合的讨论，现有合作伙伴会意识到，如果一个具有更高投资组合相似性的新合作伙伴加入联盟，共同利益将会增加。

最后，不平衡的知识结构制约了共同利益的边际增长效应。风险投资家可以在被投资公司的行业领域积累专业知识。基于风险投资的多元化投资水平，我们从两个维度描述其知识结构：一是知识深度，即新合作伙伴在某一个行业的专业知识丰富度；二是知识广度，即新合作伙伴在多个行业的多元化知识。当新合作伙伴的投资组合类似于联盟时，新合作伙伴可以通过两种方式发展其投资组合。一种方式是，新合作伙伴是投资于许多行业的多面手，发展出多样化的知识。高广度的知识使风险投资家能够利用他们在多个行业领域的经验，在面临困难时设计出多种解决方案，并增加知识组合潜力，为联盟贡献更多新颖的想法。但通才战略意味着可能在任何行业都缺乏充分的专业知识。这种知识深度的不足在一定程度上限制了知识的价值。另一种方式是，新合作伙伴和联盟都是专家，只在少数行业开展业务。专业化战略使新合作伙伴能够了解特定行业，包括政策、法规、竞争格局、产品趋势等。然而，高度重叠和有限的目标行业导致了它们之间的知识同质化。知识冗余降低了内部效率，从而降低了知识获取的边际效益。

总而言之，我们假设新合作伙伴和现有合作伙伴之间的投资组合相似性对共同利益有积极影响。然而，由于知识深度和冗余的限制，共同利益以递减的速度增长。由于现任合作伙伴的私人利益是联盟中共同利益的一部分，因此私人利益也以递减的速度增长。

投资组合的相似性加剧了风险投资公司之间的竞争，这对新合作伙伴采取机会主义行为（如知识泄露）起到了促进作用。现有合作伙伴需要权衡私人利益和风险成本，以决定是否退出风险投资集团。汉斯等（Haans et al.，2016）提出，正线性函数减去边际贡献递减的正曲线函数将产生"U"型函数，因此，本章提出假设6-1。

假设6-1：联盟与新合作伙伴的投资组合相似性与其现有合作伙伴的退出可能性之间存在"U"型关系。

6.2.3 关系断层：联盟内部的群体断裂线

断裂线是一种假设的分界线，可以根据成员的共同属性，如年龄、性别和种族，将一个群体划分为多个子群体（Bezrukova et al.，2009；Lau and Murnighan，1998，2005）。过去的研究提出了自我分类、社会认同和相似吸引来解释断裂线和子群体的形成机制（Lau and Murnighan，1998）。除了人口统计特征外，基于先前互动的纽带强度分散也可能标志着多伙伴联盟的断裂线（Heidl et al.，2014）。

联盟的整体吸收能力可能会因群体断裂线而降低，进而降低人们所感知的共同利益。每个合作伙伴都希望联盟的决定能够最大限度地提高其利益。然而，合作伙伴的目标可能不会完全重叠。在每个子群体中，合作伙伴都通过过去的反复互动建立了密切的关系并发展了信任（Gulati，1995；Uzzi，1997）。这种联系会建立有效的沟通机制和共享的行为规范（Uzzi，1996，1997）。每个子群体内的成员都会经历愉快的互动，进而很容易制定一致的目标。此外，强大的群体断裂线限制了子群体之外的凝聚力，导致子群体之间的不信任和冲突（Lau and Murnighan，2005；Thatcher and Patel，2012）。

由于联盟中存在明显的断裂线，各子群体为整个联盟作出贡献的动机降低。随后，他们宣扬自己的目标，而不是共同目标，并试图操纵联合决策来争取自己的利益。然而，联盟的吸收能力取决于所有合作伙伴的知识整合。在关于新一轮融资的各种讨论中，子群体可能会故意提供选择性知识，这可以促使联盟将新合作伙伴的外部知识解释为最有益于其自身的方向。这种方法可能无法最大限度地实现共同利益，从而降低了合作伙伴的私人利益。如果新合作伙伴的外部知识不够有价值，该小组可能不会做出太多努力来操纵联盟的决策。当外部知识的预期价值更大时，子群体之间的斗争加剧，导致更多的利益损失。综上所述，群体断裂线削弱了私人利益机制的曲线性。结合不变的风险机制，联盟同新合作伙伴的投资组合相似性与其现有合作伙伴的退出可能性之间的"U"型关系趋于平缓。由此提出假设6-2。

假设6-2：随着群体断裂线的增强，联盟与新合作伙伴的投资组合相似性与其现有合作伙伴退出可能性之间的"U"型关系减弱。

6.2.4 结构断层：联盟内部的位置不平等

大多数风险投资集团都是团队决策，而不是独裁（Wright and Lockett，2003），但拥有更多权力的合作伙伴在决策过程中更具影响力（Anderson and Brion，2014）。因此，决策的质量将部分取决于这些权力持有者的意见。

一般来说，权力体现了对宝贵资源的不对称控制，等级制度被概念化为群体成员之间的权力不平等（Bunderson et al.，2016）。知识对风险投资公司来说很重要，获取和保护知识是他们的关键目标。在企业间网络中，中心企业具有相对较强的访问和控制信息的能力（Freeman，1978）。从资源依赖的角度来看，网络中心性的差异将在合作伙伴之间产生不对称的资源控制能力，反映出联盟的权力等级，本章称之为结构断层。

随着结构断层的加剧，其他合作伙伴更加意识到自己与权力持有者之间的差距，他们对权力持有者的依赖也在增加。这种内部动态将通过以下两种方式不利于创造共同利益。一方面，过度依赖权力持有者会导致功能障碍（Anderson and Brion，2014）。由于联盟认为权力持有者比其他合作伙伴更有能力，可以做出更好的决策，因此往往更加重视他们的意见。然而，权力持有者的决策可能并不正确，这不利于创造共同利益。另一方面，权力持有者可能会故意损害共同利益。本章考虑了一种情况，即权力持有者也可能投资于投资组合公司的竞争对手（Rao，2009）。风险投资是一种以利润为导向的商业模式。当权力持有者判断竞争对手更有前途时，它不仅可能向竞争对手披露信息，还可能故意隐瞒或披露部分信息以误导联盟的决定。

联盟对一些合作伙伴的过度依赖也将影响共同利益的分配。由于中心网络位置创造了广泛的信息渠道，中心风险投资公司可以及时获得各种有价值的知识。联盟将为能力出众的成员授予更高的等级，并依靠他们来指导决策。在这种情况下，权力持有者可能会利用他们的地位来讨价还价，以获得更大份额的共同利益（Ozmel et al.，2017）。同时，其他合作伙伴的私人利益会减少。

讨价还价和欺骗都会损害看门人的声誉和与其他合作伙伴的关系，使他们对是否采取这种行为犹豫不决。当新合作伙伴的外部知识的价值不够有吸引力时，权力持有者可能会避免这种冒险行为，并且随着潜在价值的增加，采取行动的可能性也会增加。基于这一说明，我们预计位置不平等会使私人利益曲线变缓，结合不变的线性风险机制，联盟与新合作伙伴的投资组合相似性与其现有合作伙伴的退出可能性之间的"U"型关系减弱。因此，提出假设 6-3。

假设 6-3：随着位置不平等的加剧，联盟与新合作伙伴的投资组合相似性与其现有合作伙伴退出可能性之间的"U"型关系减弱。

6.3　研究方法

6.3.1　样本选择和数据收集

本章中重要对象的定义需要说明。新合作伙伴是指首次投资目标企业的

第6章 当新合作伙伴挤掉现有合作伙伴时：网络断层的调节作用

风险投资公司，而在增加新合作伙伴之前参与最后一轮融资的风险投资企业被视为现有合作伙伴。我们将"退出"定义为风险投资从目标企业的投资者群体中永久消失（Zhelyazkov and Gulati, 2016）。通过首次公开募股或收购成功退出的情况被排除在外。另一个例外是没有任何现有合作伙伴参与的融资回合（Zhelyazkov and Gulati, 2016）。

本章使用了 Thompson Reuters 的 VentureXpert 数据库中的 VC 联合投资数据，该数据库广泛应用于金融和社会学研究（Podolny, 2001）。由于 VentureXpert 数据库提供的早期数据的可靠性受到了学者的质疑（Podolny, 2001），所以我们只使用了 1985 年及以后的数据（Zhang and Guler, 2019）。因为我们无法预测最近几轮融资中退出的合作伙伴是否会再次加入联盟，因此，我们假设在接下来的两轮中失踪的现有合作伙伴已经永久退出了目标联盟。数据显示，1985~2020 年，连续两轮融资之间的平均时间间隔接近两年，因此我们排除了 2017~2020 年的数据。遵循之前的工作，我们对所有网络变量使用了五年滚动窗口（1987~1991 年），并额外测试了三年（1989~1991 年）和七年（1985~1991 年）滚动窗口的稳健性。例如，我们使用 1987~1991 年的数据创建了 1992 年的网络。然后，我们测试了假设，即在 1992~2016 年，至少有一家新的风险投资公司在一轮后续融资中加入了联盟。为了补充自变量"投资组合相似性"的缺失值，我们从 ORBIS 数据库和谷歌收集了缺失的企业标准行业分类（SIC）代码，缺失率降至约 3%。

为了构建样本，我们进行了一系列数据清理工作。首先，我们只关注美国风险投资公司及其在美国的交易，以避免国际风险投资公司行为的不一致（Zhang and Guler, 2019）。其次，我们将两轮或多轮时间间隔不超过 90 天的连续融资合并为一轮（Guler, 2007），因为单轮的资本注入的不同日期可能被错误地记录为多轮（Lerner, 1995）。再次，我们排除了所有未披露投资者的轮次及其后续轮次（Zhang and Guler, 2019）。最后，我们排除了少于三个合作伙伴的轮次，因为我们的研究是关于团队层面而不是二元层面的合作伙伴的进入和退出动态。

本章旨在讨论每个新合作伙伴的加入对现有合作伙伴退出的影响。对于增加了多个新合作伙伴的融资轮，我们将每个新合作伙伴与联盟的投资组合相似性与目标轮中现有合作伙伴的退出可能性进行匹配，从而形成多个样本，样本数量等于新合作伙伴数量。经过这些程序，最终样本中有 2 590 个观察结果,包括 1 495 轮融资。

6.3.2 变量测量

1. 因变量

风投撤回(VC Withdrawal)是指未参与新合作伙伴目标回合和后续回合的现有合作伙伴的百分比(Zhang and Guler,2019)。

2. 自变量

投资组合相似性(Portfolio Similarity)是指过去五年中,每个新合作伙伴和现有合作伙伴之间投资行业的重叠程度。1985~2016 年筹集资金的所有企业的 SIC 代码主要来自 VentureXpert 数据库。ORBIS 数据库和谷歌补充了缺失值。由于一家企业通常有多个主要 SIC 代码(四位数),因此本章使用 SIC 核心代码(三位数)来计算投资组合的相似性。我们制作了每家风险投资公司的投资行业组合,并计算了其行业分布向量在 SIC 行业分类中的相关性(Guan and Yan,2016)。我们使用方程式(6-1)计算了每个新合作伙伴和联盟之间的投资组合相似性,其中 $f_i = (f_i^1, f_i^2, \cdots, f_i^N)$,$f_i^N$ 表示过去五年 VC_i 在行业 N 中的投资比例。投资组合的相似性范围为 0 到 1。我们以融资轮为计数单位,而不是公司。例如,在过去五年中,当一家风险投资公司参与了一家公司的三轮融资时,该风险投资公司在其所在行业投资了三次,而不是一次。

$$Portfolio\ Similarity_i = (1/j) \times \sum_j [f_j f_j' / \sqrt{(f_i f_i')(f_j f_j')}] \quad (6-1)$$

3. 调节变量

根据先前的研究,我们使用方程式(6-2)和方程式(6-3)测量了群体断裂线(Group Faultlines),作为过去五年中联盟中每对现有合作伙伴之间合作数量的标准偏差(Heidl et al., 2014;Zhang et al., 2017)。t_{kij} 衡量了过去五年 VC_i 和 VC_j 在联盟 k 中的联合投资次数,联盟 k 中现有合作伙伴的总数为 n。t_k' 是联盟 k 中任何两个现有合作伙伴之间的平均联合投资次数。

$$t_k' = (\sum_i \sum_j t_{kij}) / [n \times (n-1)] \quad (6-2)$$

$$Group\ Faultlines_k = [\sum_i \sum_j (t_{kij} - t_k')^2] / [n \times (n-1)] \quad (6-3)$$

为了衡量位置不平等(Position Inequity),我们首先使用目标融资轮之前五年的联合投资信息创建了风险投资合作网络。接下来，我们使用方程式（6-4）将位置不平等度量为联盟内每个现有合作伙伴中介中心性（BC）的标准差。如前文所述，位置不平等是指合作伙伴之间的吸收能力差距。BC 为节点提供了对非冗余信息的更快访问，并控制了信息流（Burt，1992）。它是信息获取和控制、吸收能力的良好衡量标准。因此，使用中介中心性来计算风险投资集团内部的位置不平等是合理的。BC_v 是企业 v 的中介中心性，σ_{st} 是从企业 s 到企业 t 的测地线数量，$\sigma_{st}(v)$ 是从企业 s 到企业 t 通过企业 v 的测地线的数量。

$$BC_v = \sum_{s \neq v \neq t} [\sigma_{st}(v)/\sigma_{st}] \tag{6-4}$$

4. 控制变量

除了主要影响外，我们还控制了几个潜在的内生因素，可能导致现有合作伙伴退出。现有合作伙伴过去的合作经验可以反映他们对新合作伙伴的接受程度。为了衡量企业与现有合作伙伴之间的合作经验（Cooperation Experience-Incumbent），我们控制了过去五年与现有合作伙伴共同投资的风险投资公司的平均数量。随着企业风险投资（CVC）公司追求战略回报多于财务回报，现有合作伙伴的退出有时可能是由母公司而不是由新合作伙伴推动的。因此，我们控制了风险投资比例（CVC Proportion），以衡量 CVC 公司在现有合作伙伴中的比例。为了确保不会因为资金不足而撤资，我们控制了现有合作伙伴的资本约束（Capital Constraint），以最近基金的年龄来衡量（Zhelyazkov and Gulati，2016）。

我们还纳入了多项控制变量，这些变量反映了现有合作伙伴对新合作伙伴的认知与评价，进而可能影响合作退出的可能性。第一，我们使用新合作伙伴数量与现有合作伙伴数量的比值来衡量新合作伙伴的相对规模（New Partner Size）。第二，我们引入变量新合作伙伴的投资经验（Investment Experience-New），用于捕捉其在过去五年内投资的企业数量，以反映其市场活跃程度。第三，我们控制了新合作伙伴的投资绩效（New Partner Performance），因为其历史业绩会显著影响现有合作伙伴的合作意愿。具体而言，我们获取新合作伙伴在过去五年内所投资的企业清单，接着计算其成功率（即投资组合公司成功 IPO 或被收购的比例）与失败率（即投资组合公司破产的比例），并以二者的差值表示其投资绩效。由于缺乏投资组合公司确切的 IPO、收购或破产时间，我们参考了有关研究（Zhelyazkov，2018）的处理方式，仅纳入在目标年前一年到五年完成最后一轮融资的投资企业。此类事件在目标年之前已基本确定，因此其结果对所有风险投资公司来说都是可观察的。第四，我们控制了与新合作伙伴的联合投资结果（Collaboration Outcome-New），即新合作伙伴与现有合作伙伴共同投资企业的平均成功数与平均失败数之差。这一变量反映了过往合作经历所塑造的声誉与能力评价（Zhelyazkov，2018），进而影响未来的合作意愿（Li and Rowley，2002）。第五，考虑到不同类型的风险投资公司可能存在投资偏好和回报预期的差异，我们进一步控制了现有合作伙伴与新合作伙伴类型差异（Type Dissimilarity-New），具体以异质类型的风险投资公司比例衡量。同类型的风险投资公司更容易达成合作，因此该变量有助于捕捉类型相似性对合作形成的影响。

基于VentureXpert数据库中提供的VC公司类型分类，我们还控制了同一轮其他新合作伙伴的上述四个变量的平均值（Investment Experience-Other New，Other New Partner Performance，Collaboration Outcome-Other New，Type Dissimilarity-Other New），以考虑它们在模型中的影响。

我们还增加了最后一轮融资和重点融资之间的时间间隔（Time Interval）。现有合作伙伴的投资计划和策略可能会随着时间的推移而发生变化，这会影响他们参与后续融资回合的意愿。

6.3.3 模型和方法

由于因变量是连续的，数据是横截面的，因此使用普通最小二乘法（OLS）模型进行了实证分析。在生成投资组合相似性、群体断裂线和位置不平等的双向交互项来检验假设6-2和假设6-3之前，我们将变量中心化以避免多重共线性问题。

6.4 分析和结果

6.4.1 描述性统计和相关性分析

我们只关注美国风险投资公司，因此，风险投资退出为"1"意味着所有美国现有合作伙伴都已退出，但其他国家的合作伙伴已进入下一轮融资。

第6章 当新合作伙伴挤掉现有合作伙伴时：网络断层的调节作用

表 6-1 显示了主要分析结果。模型 1 仅包括控制变量。我们在模型 2 中添加了自变量来验证假设 6-1。在表 6-1 的模型 2 中，Portfolio Similarity 的一次项系数为负（b = -0.125，p < 0.001），其平方项系数为正（b = 0.212，p < 0.001），表明两者之间存在倒"U"型关系。此外，有必要实施林德和梅鲁姆（Lind and Mehlum，2010）提出的三步方法，并使用菲勒尔（Fieller，1954）的方法在第三步中设置置信区间，以验证"U"型关系（Haans et al.，2016）。在表 6-2 中，"U"型检验通过（P < 0.001），极值点 0.506 及其置信区间 [0.413，0.592] 也在取值范围内。因此，这些检验结果支持假设 6-1。

表 6-1　　使用 OLS 回归的假设检验（N = 2 590）

因变量：风投撤回	模型 1	模型 2	模型 3	模型 4	模型 5
投资组合相似性（PS）	—	-0.215 *** (0.056)	-0.213 *** (0.055)	-0.218 *** (0.055)	-0.216 *** (0.055)
PS^2	—	0.212 *** (0.051)	0.210 *** (0.051)	0.217 *** (0.051)	0.215 *** (0.050)
控制变量	是	是	是	是	是
群体断裂线（GF）	—	—	0.001 * (0.001)	—	0.001 * (0.001)
PS × GF	—	—	0.032 *** (0.009)	—	0.027 ** (0.010)
PS^2 × GF	—	—	-0.032 *** (0.009)	—	-0.026 ** (0.009)
位置不平等（PI）	—	—	—	1.699 ** (0.535)	1.607 ** (0.533)
PS × PI	—	—	—	17.213 ** (6.013)	13.885 * (6.065)
PS^2 × PI	—	—	—	-20.310 *** (5.675)	-17.087 ** (5.727)
cons	0.007 (0.053)	0.018 (0.053)	0.025 (0.054)	0.045 (0.054)	0.049 (0.054)
R^2	0.053	0.060	0.065	0.068	0.072
Adjusted R^2	0.048	0.054	0.058	0.062	0.064
F-value	9.727 ***	9.596 ***	9.784 ***	9.576 ***	9.360 ***

注：* 表示 p < 0.05，** 表示 p < 0.01，*** 表示 p < 0.001。括号里是稳健标准误。

表 6-2　　　　　　　　　　　　"U" 型三步检验

检验统计量	下界	上界
置信区间	0	1
斜率	-0.215	0.210
t 值	-3.870	4.040
p 值	0.000	0.000

整体 "U" 型关系显著性检验：
t 值 = 3.870
P 值（双侧检验）= 0.000

极值点：0.506
极值点的 95% Fieller 置信区间：[0.413, 0.592]

模型 3 和模型 5 表明，投资组合相似性的平方与群体断裂线之间的相互作用项显著且为负（模型 3 中 b = -0.032 且 p < 0.001，模型 5 中 b = -0.026 且 p < 0.01）。现有合作伙伴的退出可能性与联盟同新合作伙伴的投资组合相似性之间存在 "U" 型关系，与假设 6-1 一致。此外，更强的群体断裂线削弱了这种 "U" 型关系，这支持假设 6-2。假设 6-3 提出，联盟内部更强的位置不平等削弱了现有合作伙伴退出可能性与联盟同新合作伙伴的投资组合相似性之间的 "U" 型关系。如表 6-1 所示，投资组合相似性的平方与地位不平等之间的交互项均为显著负相关（模型 4 中 b = -20.310 且 p < 0.001，模型 5 中 b = -17.087 且 p < 0.01）。我们发现假设 6-3 得到了支持。

6.4.2　稳健性检验

我们进行了一些分析，以测试以上结论的稳健性。首先，我们将风险投资退出变成一个虚拟变量，如果有现有合作伙伴永久离开联盟，则编码为 1，否则编码为 0。然后我们使用 Probit 模型来检验假设。从表 6-3 的模型 6 和模型 7 中，我们可以得出结论，结果仍然稳健。其次，我们使用 VentureXpert 数据库提供的主要 SIC 代码（四位数）来衡量投资组合的相似性。如表 6-3 中的模型 8 和模型 9 所示，结果保持稳健。再次，我们运行了两阶段最小二乘法（2SLS）模型，以消除 Durbin-Wu-Hausman 检验证实的内生性。我们使用新合作伙伴的投资专业化（Investment Strategy-New）作为工具变量，该专业化是通过新合作伙伴在不同行业的投资比例的标准差来衡量的。保持高度的专业化可以帮助风险投资家从其他风险投资家那里获得信息、资源、投资机会和网络连接。这种知识共享直接影响了投资组合相似性对现有合作伙伴的好处，但并不会影响现有合作伙伴的退出可能性。接下来，我们使用其线性项和平方项来衡量投资组合的相似性及其平方项。Kleibergen-Paap-rk LM 统计量为 26.999，通过了低识别测试。此外，23.018 的 Kleibergen-Paap Wald F 统计数据支持它们不是弱工具。在 2SLS 的第一阶段回归中，工具变量及其平方项具有显著性。表 6-3 的模型 10 显示了带有工具变量的回归模型结果。投资组合相似性一次项的系数为负（b = -1.183, $p<0.05$），而平方项为正（b = 1.150, $p<0.05$）。结合表 6-4 所示的"U"型三步检验结果，现有合作伙伴的退出可能性与联盟和与现有合作伙伴的投资组合相似性之间存在"U"型关系；因此，假设 6-1 得到了支持。最后，为了避免极值的影响，我们将因变量"风投撤回"在 1% 和 2% 的水平上进行缩尾，结果保持稳健。我们还验证了三年和七年滚动窗口的稳健性。

表 6-3　　　　　　　稳健性检验

因变量：风投撤回	Probit Model		SIC (4 digits)		2SLS
	模型 6	模型 7	模型 8	模型 9	模型 10
投资组合相似性（PS）	-0.839 * (0.352)	-0.866 * (0.356)	-0.190 *** (0.055)	-0.195 *** (0.055)	-1.183 * (0.487)
PS^2	0.742 * (0.321)	0.773 * (0.324)	0.210 *** (0.055)	0.219 *** (0.055)	1.150 * (0.485)
控制变量	是	是	是	是	是
群体断裂线（GF）	—	0.019 *** (0.006)	—	0.002 * (0.001)	—
PS × GF	—	0.169 * (0.077)	—	0.019 * (0.009)	—
PS^2 × GF	—	-0.175 * (0.073)	—	-0.021 * (0.010)	—
位置不平等（PI）	—	10.145 ** (3.614)	—	1.434 ** (0.537)	—

续表

因变量：风投撤回	Probit Model		SIC (4 digits)		2SLS
	模型6	模型7	模型8	模型9	模型10
PS×PI	—	79.002† (41.720)	—	10.259† (5.960)	—
PS^2×PI	—	-95.565* (40.315)	—	-14.422* (6.190)	—
_cons	-1.354*** (0.316)	-1.142*** (0.320)	0.014 (0.053)	0.040 (0.054)	0.125 (0.081)
Model chi^2	133.029	172.530	—	—	—
Pseudo R^2	0.041	0.051	—	—	—
R^2	—	—	0.058	0.067	—
Adjusted R^2	—	—	0.053	0.059	—
F-value	—	—	9.430***	8.590***	7.875***
Root MSE	—	—	—	—	0.212

注：† 表示 $p<0.1$，* 表示 $p<0.05$，** 表示 $p<0.01$，*** 表示 $p<0.001$。括号里是稳健标准误。

表6-4　　　　　　　　　"U"型三步检验的稳健性检验

检验统计量	下界	上界
置信区间	0	1
斜率	-1.183	1.117
t 值	-2.428	2.299
p 值	0.008	0.011

整体"U"型关系显著性检验：
t 值 = 2.300
P 值（双侧检验）= 0.011

极值点：0.514
极值点的95% Fieller 置信区间：[0.470，0.618]

6.5 结论和讨论

6.5.1 研究结果

新合作伙伴是否会导致现有合作伙伴退出风险投资联盟？这项研究证实了这种挤出效应。基于知识获取和保护的文献，我们认为知识泄露的竞争风险会促使现有合作伙伴退出联盟。现有合作伙伴可能会权衡退出和留下的成本，以便在风险成本上升时退出，从而扭转其私人利益。为了检验这一潜在机制，我们使用了1985~2016年的美国风险投资联盟数据，并以联盟和新合作伙伴之间的投资组合相似性为自变量进行了实证研究。结果表明，联盟和新合作伙伴之间的投资组合相似性与现有合作伙伴退出有关，呈"U"型关系。这一发现证明，在新合作伙伴加入后，现有合作伙伴有可能退出，退出决定是在风险收益分析之后做出的。此外，本章发现，联盟内部的群体断裂线和位置不平等会对共同利益的创造和分配产生负面影响，进而削弱这种"U"型关系，因为它们降低了现有合作伙伴在高相似条件下继续留在联盟中以获取协同收益的意愿。

6.5.2 理论意义

本章对现有文献作出了若干理论贡献。

首先，这项研究为组织网络动态提供了新的视角。节点之间的联系可以建立或解除（Ahuja et al., 2012），过去的大量文献研究了这两种网络动态，例如，伙伴关系的形成（Zhang and Guler, 2019）和解除（Heidl et al., 2014; Polidoro Jr et al., 2011）。然而，大多数研究只关注这两种动态中的一种，少数包含这两种动态的研究没有考虑它们之间的联系（Guan et al., 2017）。我们的研究的亮点是，我们提出并证明了新纽带打破现有纽带的可能性。这一发现首先挑战了一些研究在不控制另一种动态效应的情况下检查纽带形成或溶解的估计准确性。例如，对投资组合公司估值的研究表明，风险投资公司可以作为投资组合公司价值的背书，而退出将被视为负面信号并降低估值（Shafi et al., 2020）。因此，忽视新合作伙伴对现有合作伙伴的挤出效应会导致对风险投资进入和退出与估值关系的错误估计。此外，这一结果表明了网络动态的依赖性，显示了网络演化的一种形式：变化驱动变化。这一发现为未来的研究提供了重要的机会。

其次，我们将纽带解除的研究从一个层次扩展到多个层次。传统上，纽带的解除只在一个层次上进行检查。二元关系的负面影响会导致伙伴关系终止。一些群体动态也会损害联盟的稳定性（Heidl et al.，2014）。然而，本章关注的是合作伙伴离开联盟，并提出了一个多层次的机制来解释它。具体来说，现有合作伙伴与新合作伙伴的竞争关系使现有合作伙伴面临知识泄露的竞争风险。尽管如此，联盟分配的私人利益诱使它承担这种风险。现有合作伙伴在意识到私人利益不足以支付风险成本时，他们通常会退出联盟。本章探讨了网络动态在二元和群体两个层次的综合影响。

再次，我们整合了经济学和社会学逻辑，探讨了风险投资退出决策及其边界。纯粹的经济逻辑将退出视为放弃可能的投资回报。根据这一观点，对回报的负面预期会引发风险投资退出。社会学观点认为，面临知识泄露风险的伙伴关系会破裂。本章将风险视为成本，将退出决策视为风险—收益权衡。关系和结构断层分别由合作伙伴网络的纽带和节点的异质性形成。本章通过联系内部动态的相关理论，强调了关系和结构断层在共同利益创造和分配中的作用。

最后，本章为风险投资退出提供了决策机制。关于风险投资退出的相对有限的文献证实，其动机包括除联盟表现不佳以外的各种因素（Guler，2007；Shafi et al.，2020）。然而，目前的文献还没有开发出一个通用且实用的分析框架来解释不同情况下的风险投资退出。我们的研究是首批这样做的研究之一。除了增加新的合作伙伴外，本章提出的风险效益分析还可以应用于更广泛的动态场景，为未来的研究提供基础。

6.5.3 实践意义

将合作伙伴选择和联盟稳定性的观点结合起来具有一些实际意义。本章证明，现有合作伙伴的退出可能性与联盟和新合作伙伴的投资组合相似性之间存在"U"型关系。除了资源和声誉的损失外，该联盟还将面临现有合作伙伴的"搭便车"行为，如果他们留下来，他们可能会限制知识共享。因此，风险投资企业应积极干预风险投资联盟合作伙伴构成的变化，而不仅仅是关注财务支持。在处理合作伙伴选择纠纷时,中立合作伙伴还需要在代表一方之前评估这些潜在损失。

此外,我们的研究加入了关于组织间协作和群体动态的文献,考察了网络断层在关系和结构层面的调节作用:群体断裂线和位置不平等。这些发现为联盟治理提供了管理建议。关于群体断裂线的结论表明,联盟应调解伙伴关系,以防止群体分裂和伙伴私下勾结。例如,联盟可以引入边界扳手来促进子群体之间的合作(Zhang and Guler, 2019),或鼓励中心公司积极发挥协调人的作用(Heidl et al., 2014)。根据资源观,与资源丰富的风险投资公司合作可以创造更多的共同利益。然而,从群体动态的角度来看,位置不平等导致了相反的结论:优秀的公司可能不是好的合作伙伴。因此,投资组合公司应注重联盟构成中的权力平衡,例如接受多家强大的风险投资公司。或者,投资组合公司可以为看门人提供大部分共同利益,以另一种方式限制其机会主义行为。小型风险投资公司应确保联盟内部团结或权力平衡。

6.5.4 研究局限性

本章存在以下局限性。第一,纽带形成与解散之间的联系值得给予更多关注和探索。未来的研究可以考虑除投资组合相似性之外的其他因素,例如新合作伙伴或其与现任合作伙伴的不同关系。第二,在增加新合作伙伴后,可以进一步研究这一变化,因为我们在这项研究中只关注了现有合作伙伴的退出。未来的研究可以讨论对风险投资伙伴或投资组合公司的后续影响,包括积极影响。第三,未来的研究可以检查我们的风险收益分析框架是否可以推广到其他环境。我们的研究是在风险投资集团的背景下进行的,同样的机制是否可以解释其他多伙伴合作还有待证明。第四,尽管我们进行了一些稳健性测试,但选择性偏差的问题仍然存在,因为我们只使用了美国的风险投资数据。当有足够的国际数据可用时,未来的研究可以解决这个问题。第五,未来可以考虑使用中国的风险投资数据,研究在中国情境下,企业如何通过风险投资决策,促进企业新质生产力的发展与提升。

第 7 章

多重网络视角：合作网和知识网视角下的引文研究

7.1 引　　言

新质生产力是科技进步、数字化转型、知识经济背景下的主要生产力范式，而学术论文作为知识性资源的一种重要形式，其影响力充分反映了新质生产力背景下知识的创造和传播。一篇论文的影响力在于其对其他研究人员有用的程度。学者通常使用前向引用数（以下称为被引用数）评估论文的影响（Leydesdorff and Opthof，2010）。论文受到引用意味着其内容（方法、想法等）在后来的论文中被使用（Uzzi et al.，2013）。研究发现，论文被引用的次数差异很大，有些论文被引用高达数千次，但也有近20%的论文从未被引用过。这会引出以下问题：影响论文被引用数的因素有哪些？为了回答这个问题，本章将在论文层次（而非研究者或研究机构层次）开展研究。

研究人员引用论文的理由有很多。以往的研究结合不同的框架、观点和方法，来探究论文被引用数的影响因素。例如，L. 波恩曼和H. D. 丹尼尔（Bornmann L and Daniel H D，2008）称研究人员引用论文不仅是承认该文章的学术重要性，而且也出于一些非学术原因。塔哈姆坦等（Tahamtan et al.，2016）总结了与论文被引用数相关的因素：论文相关因素（如摘要），期刊相关因素（如影响因子）和作者相关因素（如作者数目）。此外，一些学者开始意识到社会网络对论文被引用数的重要影响（Abbasi and Jaafari，2013）。

合作网络作为一个典型的社会网络，受到了很多关注（Guan et al.，

2016；McFadyen and Cannella Jr，2004）。在获得资源时，作者在合作网络中的位置发挥着重要作用，从而显著影响其论文被引用数（Li et al.，2013）。例如，有研究者发现了作者的中心性对其被引用数有正向影响（Li et al.，2013），阿巴斯等（Abbasi et al.，2011）发现，学者在网络的中心性和结构洞对被引用数有正向影响。基于以前的研究，我们认为论文的被引用数受其作者在合作网络中地位的影响。阿巴斯和贾法里（Abbasi and Jaafari，2013）还在论文层次上研究了合作的地理多样性对被引用数的正向影响。

然而，我们认为一篇论文不仅涉及合作网络（基于社交），还涉及知识网络（基于知识）。知识网络由科学或技术知识元素组合构成。知识元素可以表明知识领域的范围和类别。例如，专利通常被分为不同的技术分类，表达不同的技术特征。因此，将专利的技术分类作为知识要素的表征方式已被广泛接受。同样，科学论文通常包含多个关键词来表明它们涉及的知识元素（Muñoz-Leiva et al.，2012；Su and Lee，2010）。根据现有的文献，论文关键词可以看作知识元素。例如，相关研究使用关键词描述了知识结构图（Su and Lee，2010）、知识热点监测（Chen，2006）和研究趋势分析。遵循这些方法，在本章中，我们使用论文的关键词来表示知识元素，并且建立关键词共现网络来表示知识网络。知识元素通过它们在先前论文中的共现关系而被连接。随着时间的推移，这些元素交织成一个记录它们的组合或共现历史的网络。知识元素可以在创新过程中被使用、组合或重组。在这样的创新过程中，知识元素彼此组合，使得知识网络形成和发展。在本章中，我们提出在知识网络中，知识元素的结构会影响知识元素的组合机会和效率。例如，中心的知识元素更容易被搜索，并与其他元素进行创新的组合，因为它具有和更多元素耦合的内容与经验。因此，知识元素的节点属性可能会影响涉及这些元素的论文的被引用次数。我们希望填补现有的基于知识网络的研究的空白，并研究此网络对论文被引用的影响。

本章在论文层次而非研究者或研究机构层次进行研究，我们考虑的是每篇论文的作者或关键词的网络指标的平均值。本章主要探究作者和知识元素的网络属性如何影响论文的被引用数。本章有几个贡献。首先，我们提出了使用论文关键词来构建知识网络的方法，填补了以往研究留下的空白，引出更多相关的研究。其次，本章强调了知识和合作网络在影响被引用数时的重要性。具体而言，我们考虑了合作网络中作者的节点属性（如中心性和结构洞）和知识网络中的知识元素作为论文被引用数的影响因素。最后，我们讨论的是在论文层次的被引用数。大多数研究将引用汇总到作者、组织或期刊层次。我们认为，同一作者在不同的论文中有时也会有不同的引用，因此需要对论文被引用数进行更细致的分析。

本章在风能研究领域开展实证分析。风能研究正在经历前所未有的增长，在全球范围内蓬勃发展。此外，随着技术的发展，风能领域吸纳了越来越多的研究人员，并产生了丰富独特的知识元素。因此，这个领域是一个典型的高速发展领域，具有易于观察的合作和知识网络。基于对风能研究的检索，我们收集了2002~2015年发表的16 351篇风能论文的相关信息。

我们的研究目标是探讨合作和知识网络如何影响论文的被引用数，从而探究新质生产力背景下，合作和知识网络如何影响知识传播和价值实现的过程。本章应用了使用稳健标准误差的普通最小二乘（OLS）模型来检验上述关系。

7.2 理论框架和假设

7.2.1 合作网络

本章中，合作网络是指作者合作网络，其中节点是作者，边是作者在先前论文中的合作关系。如果作者与那些彼此没有联系的作者联系起来，作者会占据结构洞（Burt，1992；Zhang et al.，2015）。结构洞说明了作者的合作伙伴之间相互联系的程度。丰富的结构洞说明了网络中节点之间缺乏连接。例如，当作者A有三个直接的合作伙伴B、C、D（他们之间没有联系）时，作者A占据了作者B、C、D之间的结构洞。相反，如果作者A与合作伙伴B、C、D有直接联系，且B、C和D彼此联系在一起，那么作者A缺乏结构洞。占据结构洞可以为作者带来独特且多样的信息。而且，占据结构洞说明了边之间的非冗余性（Guan et al.，2015）。与缺乏结构洞的作者相比，占据丰富结构洞的作者可以获得更多独特和异质的信息，因此，占据结构洞可以使作者更有效地获取、筛选和存储信息溢出。占据更多结构洞的作者获得了更多非冗余信息和控制优势（Rodan and Galunic，2004）。一些重要的信息可能通过合作关系传递。作者位于结构洞中可能会获得控制伙伴信息的潜在机会（Ahuja，2000a；Burt，1997）。他可以从这些非冗余关系中获得独特的信息。因此，信息控制有利于作者获取新信息，可以节省时间和精力来改进研究。同时，信息控制使作者成为未连接研究人员之间的中介（Rowley et al.，2000），他们依靠作者来促进跨合作网络的信息交流。收到的关键信息可能会使作者的工作更具吸引力，从而提高其研究影响。因而，我们提出假设 7-1a。

假设 7-1a：对于一篇论文而言，它的所有作者在合作网络中的平均结构洞数量正向影响它的被引用数。

如果作者在合作网络中占据中心位置，与他人会有很多联系，很可能获得期望的信息资源（Ahuja，2000b）。这些外部信息和新想法会促进作者的研究进展。与此同时，中心作者可以更多地接触到合作网络中的其他作者并进行交流（Ahuja et al.，2003；Phelps et al.，2012）。因此，他们能更有效地传播自己的论文成果。然而，中心性超过一定程度后，作者会获取大量的冗余信息，甚至超出有限理性（Paruchuri，2010）。过多的信息会造成冗余，最终抑制这些作者的研究能力，导致他们的论文质量降低。因此，作者的中心地位超出一定阈值后会对被引用数产生负向影响。

假设 7-1b：对于一篇论文而言，它的所有作者在合作网络中的平均中心性对它的被引用数有倒"U"型影响。

7.2.2 知识网络

在知识网络中，节点表示知识元素（本章使用论文关键词测量），边表示不同元素的共现关系。在以往研究中，如果两种知识元素曾被共同使用，则称其为"组合的知识元素"，否则称为"未组合的知识元素"。知识元素如果与两个未组合的知识元素相结合，则占据结构洞（Burt，1992），未组合的知识元素连接到相同的知识元素。因此，它们可能是相关的并具有组合机会（Wang et al.，2014）。知识搜索往往是局部的和联想性的。如果一个知识元素占据丰富的结构洞，那么研究人员更有可能通过对结构洞进行搜索，找到未组合的知识元素之间的组合机会，因此涉及这个知识元素的论文将会得到更多的引用（Guan and Liu，2016）。同时，知识网络中的结构洞具有连接知识流的优势，因为研究这些未组合元素的研究人员可能会使用该元素中的信息（Burt，1997）。相反，如果该知识单元经常与以前的论文结合起来，那么它们的创造性组合几乎被用尽，结构洞的连接优势就会消失。因此，知识网络中占据多个结构洞可以提供组合机会和连接知识流的优势，从而使得所涉及论文的被引用数更高。

假设7-2a：对于一篇论文而言，它的所有知识元素在知识网络中的平均结构洞数量正向影响它的被引用数。

在知识网络中，知识元素的中心性说明该元素与其他元素的组合机会。知识元素是相互依存的，构成一个更大的知识系统（Guan and Liu，2016；Hansen，1999）。随着知识元素的中心性增加，其组合机会往往会增加，这有两个主要原因。首先，知识元素的中心性说明了与其组合的可行性与理想性，这增强了其他作者将这种知识元素与其他知识相结合的信心。更多的研究人员将把注意力放在围绕这个知识元素的组合机会上。其次，中心的知识元素可以为研究人员将这一元素与其他元素相结合提供更好的理解（Fleming，2001；Wang et al.，2014）。因此，一篇论文中知识元素中心度越高，其被引用数越高。然而，在知识网络的中心性到达一定值之后，知识元素的组合机会将会减少。具体而言，该知识元素不再具有与之组合的潜力（Fleming，2001），已经不能被认为是富有价值的。因此，具有高知识中心性的论文的被引用数又将趋于减少。

假设7-2b：对于一篇论文而言，它的所有知识元素在知识网络中的平均中心性对它的被引用数有倒"U"型影响。

7.3 研究方法

7.3.1 样本选择和数据收集

在本章中，使用的数据来自 WoS（Web of Science）和 JCR（期刊引证报告）数据库。基于以前的研究，我们通过搜索关键词"TS =（'wind power' OR 'wind turbine *' OR 'wind energy *' OR 'wind farm *' OR 'wind generation' OR 'wind systems'）and PY =（2002 ~ 2015）"获得 WoS 中风能论文数据。搜索关键词"TS"意味着搜索涵盖一篇论文的四个部分：标题、摘要、作者关键字和附加

关键词。最后，我们收集了从 2002 年至 2015 年的 16 351 篇论文，其中包括 15 611 篇期刊文章，7 本书的章节和 733 个会议的论文。每个 WoS 论文记录包括杂志名称、标题、作者、摘要、关键词、被引用数、出版年份等详细信息。提取出所有涉及的期刊后，我们从 JCR 下载这些期刊从 2002 年到 2015 年每年的信息，然后添加了所有期刊的影响因子（5 年）。在 JCR 找不到的期刊，我们从 SCImago Journal 与 Country Rank（由 Scopus 支持）和它们的官方网站手工收集它们的影响因子。在分析部分中，我们做了稳健性检验，剔除这些手工收集的数据，最终得到的结果是一致的。

7.3.2 变量测量

在本章中，我们使用了纵向设计。具体来说，本章分别在移动的五年窗口（即 2002~2006 年，2003~2007 年，……，2006~2010 年）建立了合作网和知识网，最终生成了五张包含两种网络的快照。例如，我们分析在 2006 年发表的文章时，计算了它的作者和知识元素在 2002~2006 年的网络结构特征，以及截至 2015 年收到的标准化的被引用数。此方法与以前的研究所采用的方法是一致的（Wang，2016）。

1. 因变量

因变量是每篇文章的标准化被引用数。为了计算该变量，我们首先要收集所有文章的被引用数。本章的分析样本截至 2010 年，这是因为论文平均需要五年才能趋于稳定（Wang，2016）。因此，我们希望有足够的时间来计算发表在 2010 年的论文的被引用数。根据以往的研究（Cannella Jr and McFadyen，2016；Muñoz-Leiva et al.，2012），本章利用每一年论文被引用数的均值和标准差标准化当年论文的被引用数。此方法可以移除发表时间较长的论文引起的被引用数偏差（Cannella Jr and McFadyen，2016）。如果一篇论文在 t 年内发表，其标准化被引用数将计算如下：

$$Normalized\ citations_{it} = \frac{citations_i - citations\ mean_{all\ papers\ in\ t}}{citations\ standard\ deviation_{all\ papers\ in\ t}} \quad (7-1)$$

2. 自变量

本研究的自变量是知识网络和合作网络的中心性和结构洞。为了测量这些变量，我们采取了以下三个步骤。

(1) 第一步：构建知识网络和合作网络。

我们采用一种新的方法，使用论文关键字来构建知识网络。在本章中，我们使用作者的关键词和 WoS 附加关键词作为知识要素（Muñoz-Leiva et al., 2012；Su and Lee, 2010）。我们使用了两个关键词的原因有两个。一是，在我们的样本中的一些期刊，如 PLOS ONE 和 Wind Engineering，没有作者提供的关键词；二是，WoS 附加关键词是从文章的参考文献中提取的，并可能包括重要的未列出的关键词，如果两个知识元素共现在一个相同的论文中，我们就判断两个知识元素存在联系。另外，我们注意到，在 WoS 记录里有学科类别（251 类）和研究方向分类（156 类），然而，这些类别都是基于期刊分类，而不是基于对文章内容的分类。与之相反，关键词被认为是知识结构的基本要素，因为它们与论文内容联系紧密。本章使用 Sci2 软件（由 Sci2 团队专门设计的科学计量软件）进行数据清洗。例如，我们能检测出 90% 水平相似的关键词然后手动判断合并，包括单复数形式和不同词语表达形式，借此我们可以合并如"Doubly Fed Induction Generators"和"Doubly Fed Induction Generator"表述相似，"Oxide Fuel-cell"和"Oxide Fuel-cells"等相似表述。我们也把一些习惯性缩写的关键词进行甄别合并，例如合并"photovoltaic"和"PV"。

作者合作网络以作者为节点，以合著关系为边（Guan and Yan, 2016）。具体而言，我们认为如果两个研究人员合著论文，他们之间即存在合作。考虑到作者重名，我们用作者姓名和单位作为唯一标识。具体来说，两个作者有相同的名字和单位，我们就认为是同一个人。

(2) 第二步：中心性和结构洞的测量。

本章有两种网络需要计算结构参数：知识网络和合作网络。接下来，我们先解释知识网络结构的测量，然后描述合作网络的测量。本章利用 Pajek 软件计算这些网络的结构参数。

知识网络中的中心性

中心性表示一个特定的知识元素占据中心位置的程度。经常使用的有三种中心性，即度中心性、接近中心性和中介中心性，它们有不同的含义。根据以往的研究，度中心性是使用最广泛的指标，其可以衡量一个节点在局部网络中的直接连接，这与我们变量测量目的是一致的。因此，我们选择度中心性表示一个知识元素与其他知识元素的直接关系。为消除网络的规模效应，本章采用标准化度中心性，这在以前的研究中也曾使用过（Abbasi et al., 2011；

Wang et al.，2014）。标准化度中心性的计算公式如下：

$$Centrality_i = \frac{\sum_{j=1}^{g} a(i,j)}{g-1} \qquad (7-2)$$

其中，$a(i,j)$ 是二值变量，表示 i 是否连接 j。如果 i 和 j 是连接的，那么 $a(i,j)$ 取 1，否则为 0。g 表示知识网络中的知识元素的数量。例如，如果 i 连接五个知识要素，网络中有 2 981 个知识要素，那么知识要素的中心性是 $5 \div (2\,981 - 1) = 0.0017$。

知识网络中的结构洞

如果知识元素与其他两个知识元素相连，而这两个知识元素之间没有连接，那么该知识元素在知识网络中占据结构洞。我们首先采用伯特（Burt，2004，2009）的约束度量方法来计算网络约束 C_i，它可以测量网络被其相邻伙伴约束的程度。其次，基于以前的研究（Guan et al.，2015；Wang et al.，2014），我们用 2 减去网络约束 C_i，以表示占据结构洞所产生的控制优势。

$$Structural\ holes_i = 2 - C_i = 2 - \sum_j (p_{ij} + \sum_{k, k \neq i, k \neq j} p_{ik} p_{kj})^2 \qquad (7-3)$$

其中，i 是该中心元素，p_{ij} 表示元素 j 占节点 i 的所有连接边的比例。例如，如果 i 连接 j 和五个其他元素，则 p_{ij} 为 1/6。k 是与 i 和 j 都连接的第三个元素。如果元素 i 与更多元素连接，则 i 具有较低的 p_{ij} 和 p_{ik}，因此受到较少的约束。同时，如果 k 与其他元素具有更多连接，则 k 具有更低的 p_{kj}，从而减小对 i 的约束。

合作网络中的中心性

在构建作者合作网络之后，我们测量了作者在合作网络中的标准化度中心性。这是量化作者中心性的最简单直接的方法。度中心性可以说明作者在他的局部网络中的直接连接的程度。根据式（7-2），我们计算这个变量用到了作者的所有合作者数量和网络所有参与者数量。

合作网络中的结构洞

结构洞是指作者的合作者之间的断开程度。为了计算合作网络中作者占据结构洞的程度，我们也使用了上述两个步骤。在构建合作网络之后，我们首先计算网络中每个作者的网络约束。接着，根据式（7-3），用 2 减去约束值。

（3）第三步：将所有变量汇总到论文层次。

由于我们的分析单元是一篇论文，并且由于论文通常有多个作者和多个知识元素,我们将所有论文作者和知识元素的中心性和结构洞值取平均作为其在自变量中的值。例如,如果一篇论文有三个作者,其结构洞分别为 1.21、1.13、1.14,那么,该论文的结构洞取值将为 (1.21 + 1.13 + 1.14) ÷ 3 = 1.16,来表明作者的网络控制优势的程度。我们使用 CN 来表示合作网络,KN 表示知识网络。

3. 控制变量

在所有的统计模型中,我们控制了八个变量,包括作者数目、项目资助、机构数目、国际合作、摘要长度、致谢、WoS 分类、期刊影响因子。表 7-1 总结了控制变量的定义。

表 7-1　　　　　　　　　控制变量的定义

分类	变量	定义	理论基础
作者相关的因素	作者数目	该论文中作者的数目	作者越多,获得高被引用数的概率越大 (Batista et al., 2006)
	项目资助	研究得到基金支持的数目	经济支持可以影响被引用数 (Börner Chen and Boyack, 2003)
	机构数目	该论文作者所属机构的数目	一篇文章涉及的研究单位数量影响被引用数 (Bjarnason and Sigfusdottir, 2002)
	国际合作	如果该论文的合作者来自同一国家即为 0,来自多个国家即为 1	国际化合作对于论文被引用数有显著影响 (Inzelt and Schubert, 2009)
论文相关的因素	摘要长度	指论文摘要的句子的个数,以句号来识别	一篇文章摘要影响它的被引用数 (Didegah and Thelwall, 2013)
	致谢	一篇文章致谢当中的单词数	研究伙伴的支持会影响论文被引用数 (Wang and Shapira, 2011)
期刊相关的因素	WoS 分类	每一个 WoS 的期刊被分配到一个或多个分类中;这个变量表明该论文刊登的期刊所属的 WoS 类别个数	论文被引用数与所属的领域有关 (Skilton, 2006)
	期刊影响因子	期刊 5 年影响因子包含在控制变量中	期刊影响力是影响论文被引用数的重要因素 (Bensman, 2008)

7.4 分析和结果

7.4.1 风能领域的描述

风能是一种很有前景的能源,因为它对环境友好,无处不在并且自由可用。风能领域是最关键的可替代能源领域之一,也是多学科交叉领域。具体来说,风能领域产生了丰富独特的研究主题与知识元素(我们的样本包含的元素数为 63 784)。风能作为可替代能源的子领域,通常与其他领域也有联系(Guan et al., 2015)。研究主题的范围和深度可以产生大量知识结构数据。因此,风能领域是检验知识网络的影响的理想领域,跨学科性在能源领域中广泛存在。

7.4.2 回归结果

OLS 回归有几个经典假设,如无多重共线性,无自相关和异方差。多重共线性指变量之间的高相关性,这可能导致对系数符号的错误估计。回归结果中,所有方差膨胀因子(VIF)值远小于 5,意味着没有显著的多重共线性。自相关是指误差项在连续时间内的交叉相关,通常出现在时间序列数据中,在本章情景中不是一个严重的问题。最后,同方差表示随机误差项对所有因变量具有相同的方差,违反这一假设(即异方差性)可能导致回归中拟合优度的高估。为了避免这个问题,我们使用 White 检验测试异方差性。在 Stata 中的 OLS 回归之后,我们实施了后估计命令"imtest, white"。结果显示"chi2(88)= 395.70,$p < 0.001$",表明检测到异方差。为了确保我们的假设检验的准确性,我们使用具有稳健标准误差的 OLS 回归,这可以纠正异方差性问题。

表 7-2 显示了四个模型对标准化被引用数的回归结果。我们在模型 1 中放入所有控制变量,模型 2 和模型 3 中分开放入自变量,以及在模型 4 中放入所有变量来检验四个假设。如模型 2 和模型 4 所示,合作网络结构洞的系数显著性不稳定,说明不能完全支持假设 7-1a。合作网络中心性平方的系数是显著为负(在模型 2 中 r = -30 679.17,$p < 0.05$;在模型 4 中 r =

$-33\ 072.97$,$p<0.05$),表明合作网络中心性与标准化被引用数是倒"U"型关系。因此,支持假设7-2a。如模型3和模型4所示,知识网络结构洞的系数显著为正(在模型3中$r=0.612$,$p<0.001$;在模型4中$r=0.573$,$p<0.001$),表明支持假设7-2a。模型3和模型4的结果支持假设7-2b,知识网络中心性与标准化被引用数是非线性相关的(在模型3中,$r=-55.279$,$p<0.01$;在模型4中,$r=-48.539$,$p<0.01$)。模型2和模型4之间的ΔR^2为0.016($p<0.001$)。换句话说,增加论文的知识网络中心性和结构洞显著改进了模型。论文在知识网络中的中心性和结构洞是重要的影响因素,可以解释论文的标准化被引用数的1.06%的方差。此外,JCR和Scopus的期刊影响因子计算不同,并基于不同的数据库。因此,为了测试我们的结果的稳健性,我们只保留有JCR影响因子的期刊,并重新估计模型。结果与表7-2中的先前结果一致。

表7-2　　　　　　　　　　OLS回归结果

变量	模型1	模型2	模型3	模型4
作者数目	0.032 * (0.014)	-0.017 (0.017)	0.032 * (0.014)	-0.015 (0.017)
期刊影响因子	0.220 ** (0.034)	0.222 ** (0.034)	0.219 ** (0.035)	0.221 ** (0.035)
摘要长度	0.001 (0.004)	0.002 (0.004)	0.001 (0.004)	0.002 (0.004)
WoS分类	0.019 (0.022)	0.022 (0.022)	0.021 (0.022)	0.023 (0.022)
项目资助	0.03 (0.028)	0.031 (0.027)	0.028 (0.028)	0.03 (0.027)
致谢	-0.00006 (0.00009)	-0.00004 (0.00009)	-0.00010 (0.00009)	-0.00007 (0.00009)
机构数目	-0.015 (0.053)	-0.005 (0.052)	-0.015 (0.052)	-0.004 (0.052)
国际合作	-0.003 (0.085)	-0.006 (0.085)	-0.022 (0.086)	-0.021 (0.085)
合作网络中心性		213.679 ** (81.054)		228.926 ** (79.674)

续表

变量	模型1	模型2	模型3	模型4
合作网络中心性的平方		-30 247.33 * (15 085.11)		-32 395.73 * (14 808.21)
合作网络结构洞		0.192 + (0.107)		0.123 (0.104)
知识网络中心性			0.846 (2.068)	0.606 (2.055)
知识网络中心性的平方			-53.279 ** (21.584)	-47.381 * (21.385)
知识网络结构洞			0.625 ** (0.116)	0.58 ** (0.114)
常数项	-0.575 ** (0.113)	-0.831 ** (0.147)	-1.682 ** (0.217)	-1.786 ** (0.245)
F估计量	6.56 **	8.63 **	27.39 **	22.86 **
调整 R^2	0.1547	0.1670	0.1673	0.1776

注：+ 表示 $p<0.1$；* 表示 $p<0.05$；** 表示 $p<0.01$。

除了计算两个网络的节点属性的统计效应，我们也计算了它们的实际效应。在我们的估计之后，我们使用 Stata 的"marginins"命令来显示自变量的边际效应，并在表7-3中显示结果。在表7-3中，dy/dx 表示边际效应。标准误差和置信区间可以用来显示边际效应是否具有统计学意义。结果显示，知识网络结构洞每增加1个单位，标准化被引用数将增加0.58。对于非线性函数，我们估计了变量的平均边际效应。

表7-3　　　　　　　　　　自变量的边际效应

变量	dy/dx	标准误差	z	P>|z|	95%置信区间
CN 结构洞	0.12	0.11	1.00	0.32	[-0.10; 0.32]
KN 结构洞	0.58	0.11	5.13	0.00	[0.35; 0.79]
CN 中心性	188.11	62.38	3.02	0.00	[65.84; 310.37]
KN 中心性	-1.49	1.23	1.22	0.22	[-3.90; 0.91]

下面的步骤是基于表7-2和表7-3中的边际效应来估计结果的实际意

义。根据先前研究的方法，我们计算增加变量的一个标准偏差对被引用数的影响。对于合作网络结构洞，我们将所有其他变量保持在平均值。我们发现，合作网络结构洞的 1 个标准偏差增加会使非标准化被引用数增加 1.5，相对于每篇论文的被引用数平均值（28.5）增加了 5.4%。同样，我们发现，知识网络结构洞的 1 个准偏差增加使得非标准化被引用数增加 13.2，这相当于每篇论文被引用数的平均值（28.5）提高了 46.3%。因此，知识网络结构洞比合作网络结构洞在论文的被引用数上具有更大的效应。

然而，对于网络中心性，它们的效应大小取决于中心性的值的大小。首先，在开始中心性对论文被引用数的影响是正的，并且当中心性增加到阈值时，效应减小到零。之后，中心性对论文被引用数的影响变为负，并且它们的效应大小随着中心性增加而增加。例如表 7-2 中的模型 4 中，当所有变量保持在其平均值时，合作网络中心性增加 1 个标准偏差使得非标准化被引用数下降 2.7，相当于每篇论文的被引用数的平均值（28.5）降低 9.5%；知识网络中心性增加 1 个标准偏差使得非标准化被引用数下降 1.9，相当于每篇论文的被引用数的平均值（28.5）降低 6.7%。

我们还使用命令"margininsplot"来获得合作网络中心性和知识网络中心性的平均边际效应（见图 7-1 和图 7-2），图中绘制了边际效应的 95% 的置信区间。可以发现，他们对合作网络中心性和知识网络中心性对被引用数的正向边际效应在阈值后变为负，这表明合作网络（或知识网络）中心性和被引用数之间呈倒"U"型关系。总之，解释变量的所有边际效应都是预期的符号，进一步支持了我们的结果。

我们利用威尔士等（Wales et al., 2013）的方法来评估合作网络（或知识网络）中心性和被引用数之间的倒"U"型关系的有效性（见表 7-4）。首先，我们将联合显著性检验应用于中心性和中心性平方的估计系数（合作网络：4.56，$p<0.01$；知识网络：15.01，$p<0.01$）。然后，我们进行 Sasabuchi 检验（H_0：单调或倒"U"型），图 7-2 中知识网络中心性的平均边际效应表明存在倒"U"型关系（合作网络：4.85，$p<0.01$；知识网络：2.13，$p<0.05$）。最后，我们计算了 Fieller 和 Delta 置信区间，发现极值点落在这些置信区间中。正如我们所看到的，倒"U"型关系中的合作网络和知识网络中心性的阈值分别为 0.0036 和 0.0071。因此，网络中心性和被引用数之间存在显著的倒"U"型关系。

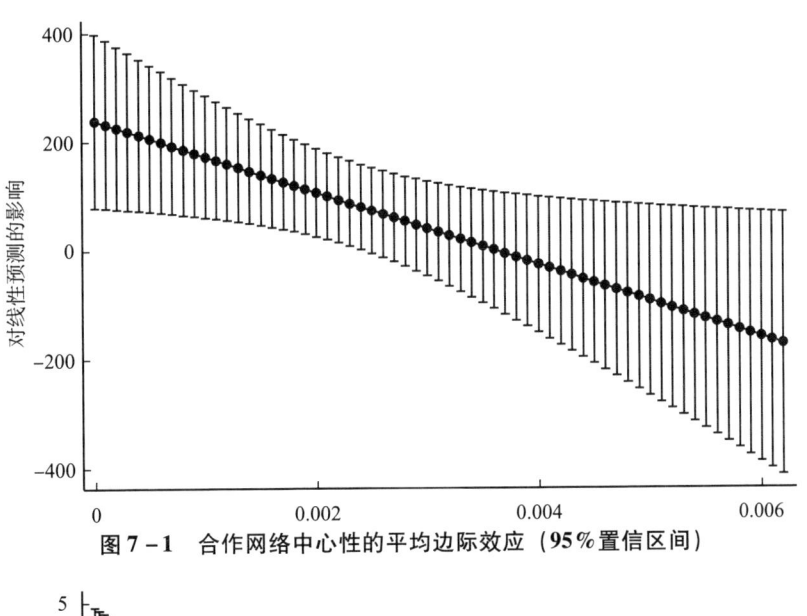

图 7-1　合作网络中心性的平均边际效应（95%置信区间）

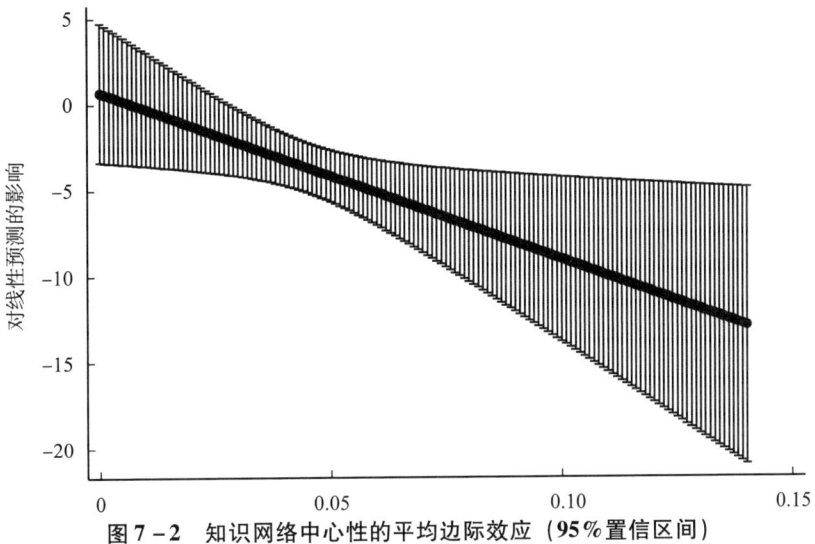

图 7-2　知识网络中心性的平均边际效应（95%置信区间）

表 7-4　　　　　　　　　　倒"U"型关系检验

因变量：被引用数	全模型（合作网络中心性）	全模型（知识网络中心性）
一次项和二次项的联合检验（F值）	4.56**	15.01**
倒"U"型性质的Sasabuchi检验（t值）	4.85**	2.13*
极值点	0.0036	0.0071

续表

因变量：被引用数	全模型（合作网络中心性）	全模型（知识网络中心性）
95%置信区间，Fieller 法	[0.0024, 0.0148]	[-0.2304, 0.0281]
95%置信区间，Delta 法	[0.0020, 0.0052]	[-0.0290, 0.0432]

注：*表示 $p<0.05$；**表示 $p<0.01$。

我们还做了结果的敏感性分析，以评估我们结果的稳健性。首先，论文被引用数的分布倾向于高度偏斜和对数正态分布。正如先前的研究（Thelwall and Wilson, 2014），我们采用被引用数取对数和具有稳健标准误差的 OLS 模型进行回归。为了控制时间的影响，我们在每个模型中添加了年份虚拟变量。这一分析结果与表 7-2 所示的结果一致。其次，由于被引用数的过度分散，负二项式回归模型更适合于计量数据集。在本章中，我们使用稳健的标准误差和年份虚拟变量做了负二项式回归。结果与表 7-2 中报告的结果一致。总体而言，各种敏感性分析的结果为我们的发现提供了强有力的支持。

7.5 结论和讨论

本章不仅涉及合作网络，而且涉及知识网络，并结合新质生产力的视角，探讨合作网络与知识网络如何共同驱动论文影响力的形成与提升。以前的研究表明，论文的影响（即被引用数）与其作者的合作网络特性有关。我们提出论文的被引用数还与其知识元素在知识网络中的位置有关。本书使用论文关键词构建知识网络，并且测量每篇论文的知识网络属性。此外，我们使用来自 WoS 和 JCR 数据库的风能论文数据（2002~2015 年）来检验合作网络和知识网络与论文被引用数之间的关系。在实证部分，我们使用带稳健标准差的 OLS 回归和 Sasabuchi 倒"U"型检验。我们的实证结果得到以下发现。

第一，我们发现知识网络和合作网络在聚集性和整合的程度上有所不同，知识网络更加聚集且广泛。基于 OLS 回归结果，合作网络中作者及知识网络中知识元素的节点属性显著提高了模型拟合度，表明合作网络和知识网络的中心性与结构洞是影响论文被引用数的重要因素。同时，部分控制变量（如摘要长度、WoS 分类、项目资助等）对论文被引用数的影响统计不显著，而期刊影响因子、合作网络和知识网络节点属性的影响更为显著。

第二，基于论文层次上的回归和 Sasabuchi 检验结果，我们发现合作网络中作者的结构洞对论文被引用数没有显著影响，并且作者在合作网络中的中心性对被引用数是倒"U"型关系，填补了中心性和被引用数非线性关系研究的空白。具体来说，以前的研究发现作者中心性和他的研究影响之间存在正向关系，忽略了作者中心性在高过一定阈值时的负向影响。同时，以前的研究集中在个人层次，而我们的研究首先在论文层次探讨了这种关系。

第三，我们证实了知识元素的结构洞与论文被引用数正相关。这些发现说明了在知识网络中占据结构洞的元素，可以提供组合机会和控制知识流，继而使论文获得更高被引用数。知识元素中心性与论文被引用数具有倒"U"型关系。论文的知识元素中心性与被引用数呈正相关关系，然而，当中心性超过一定程度时，因为较低的组合价值和机会，其又会与被引用数呈负相关关系。

本章有以下方法上和理论上的贡献。第一，我们在论文层面进行了创新研究，采取了一种同时使用作者关键词和 WoS 关键词构建知识网络的新方法。根据以前的研究，网络需要有清晰的边界（Tsai and Ghoshal, 1998）。本研究定义了风能领域的合作网络和知识网络。当其他领域被明确和严格地定义边界后，我们的方法在其他领域有普适性，并且为新质生产力的实现提供了可操作的量化工具。未来的研究应该有一个明确的网络边界，以避免过度估计网络特性（如结构洞）。第二，本章强调了知识网络和合作网络在被引用数中的重要性，并结合新质生产力的视角，揭示了合作网络与知识网络在推动知识扩散与创新价值实现中的核心作用。我们从合作和知识网络视角探讨论文被引用数的前因，填补了以往研究的空白，并将启发相关研究。我们研究了在论文层次上，作者合作网络和知识网络属性如何与论文被引用数相关。第三，本章呼吁关注知识网络研究。相同的网络节点属性在合作网络和知识网络中具有不同的含义和影响。我们通过建立知识网络，发现知识网络节点特征是影响论文被引用数的重要前因。使用网络分析方法探索知识元素的结构特征为今后基于知识的研究奠定了基础，这可能有助于研究人员通过知识网络的视角来制定研究方向。

我们的研究也有一些局限。第一，尽管我们使用 Sci2 工具来减少名称的偏差，然而姓名消歧问题仍然可能存在，因为在我们研究时间段里可能有研究者从一个研究所到另一个研究所。姓名消歧是一个巨大的挑战，不能完全消除（Li et al.，2014）。未来的工作可以结合其他数据库，并提供算法来唯一识别作者。第二，控制变量的选择对模型的结果有很大的影响。一些其他变量没有得到控制，例如作者的年龄。也就是说，我们将所有作者视为同样经验丰富的研究者。未来的研究可以考虑作者的年龄，以更好地解释论文的被引用数。第三，从黏性信息的角度来看（von Hippel，1994），知识网络中的结构洞可能导致被引用数降低，将它与知识网络中关键词的中心性联系起来会十分有趣，未来的研究可以探究知识网络的中心性和结构洞之间的相互作用。第四，虽然我们定义了我们的网络边界，但是可能存在对网络特性（如结构洞）的过高估计问题。例如，我们无法捕获其他领域中作者（或关键字）之间的某些连接。未来的研究可以选择更广泛的研究领域来避免这个问题。

第8章

创新网络作为防御知识泄露的手段

8.1 引　　言

新质生产力强调了在全球化背景下，跨国企业（MNE）需要通过优化资源配置和创新网络结构，应对不同地区的挑战。跨国企业在其创新活动中经历了越来越多的国际化。然而，当东道国未能提供强有力的知识产权（IPR）保护时，外国子公司可能会面临将其知识暴露给当地竞争对手的风险（Li and Xie，2016）。长期以来，学者们一直在研究外国子公司可以采取哪些防御措施来保护其创新不被挪用。一项研究表明，外国子公司可能会利用外部关系来替代不充分的当地制度（Chen et al.，2018）。该文献的研究采用了网络视角，并发现企业可能会为了知识保护而改变其外部网络的组成和结构（Hernandez and Menon，2021）。

另一项研究侧重于外国子公司的 IPR 保护机制（Li and Xie，2016），例如专门的员工管理（Inkpen et al.，2019）和技术知识管理（Pisani and Ricart，2018）。然而，关于利用内部网络进行知识保护的国际商业（IB）研究仍然相对较少（Kleinbaum and Stuart，2014）。

每个人都处在社会网络之中，知识泄露是不可避免的（Inkpen et al.，2019）。从内部网络视角进行知识泄露的防御值得受到充分关注。在企业内部，创新、模仿或挪用的搜索过程通常是基于网络的，而不是孤立或二元的（Ahuja，2000）。因此，网络结构视角可能在解释知识保护方面提供额外的力量（Inkpen et al.，2019）。这一观点表明，内部网络防御可以防止盗用，并对外国子公司具有特别价值。在此基础上，本章探讨了内部网络结构在保护外国子公司创新不被侵占方面的作用。

内部网络有多种形式（Alcácer and Zhao，2012；Wang et al.，2014）。本章的重点是国外子公司中基于社会的内部协作网络（ICN）和基于知识的内部知识网络（IKN）。ICN 是以协作关系为特征的个体集合。这里，ICN 指的是公司内部专利研究人员的网络。ICN 的"节点"是一个发明者，"连接"是两个发明者之间的合作关系。

IKN 是由企业知识库中的元素和这些元素之间的联系组成的网络。知识要素通常包括"科学或技术领域的研究界对某一主题的事实、理论、方法或程序的初步结论"（Wang et al.，2014）。概念、理论、方法或公理等都属于知识元素（Wang et al.，2014）。IKN 的"节点"是一个技术类别，而"连接"是两个类别的技术的先前成功的组合。我们预计，在知识产权保护薄弱的国家，外国子公司可以通过适当调整其两类内部网络的结构来提高模仿难度。

我们关注内部网络的一个宏观结构属性——小世界属性（Small-Worldness）。"小世界"源于一个著名的实验（Milgram，1967），该实验显示了"六度分离"现象（Six Degrees of Separation）。正如瓦茨和斯特罗加茨（Watts and Strogatz，1998）所定义的那样，这些系统可以像规则的晶格一样高度聚集，但又像随机图一样具有较小的特征路径长度，通过与小世界现象的类比，可以将网络称为"小世界"网络。考虑到小世界结构会影响知识搜索和转移效率，它可能对企业知识保护具有重要意义（Phelps et al.，2012）。

我们测试了两个内部网络的小世界属性是否可以通过不同的机制以各种方式替代不充分的外部环境。首先，知识工作者归属于复杂的社会关系。ICN 复杂的小世界结构会导致社会复杂性（Newman et al.，2002），阻碍其他公司通过努力来解释和模仿其活动。外国子公司可以建立具有高小世界属性的 ICN，以防止其知识泄露给他人。其次，学习通常是相互关联的（Cohen and Levinthal，1990）。外国子公司倾向于降低 IKN 的小世界属性，以降低其知识关联度，增加模仿者解读其核心知识的难度。子公司是否倾向于使用内部网络技术来保护其 IP，也取决于 MNE 在多大程度上拥有适用于当地的知识和能力。MNE 的东道国经验往往会削弱其子公司对内部网络的依赖，以保护其 IP。

本章的创新贡献如下。首先，我们在有关外国子公司如何应对薄弱 IP 制度风险的文献中增加了内部网络结构视角。外部网络结构的防御效用已经引起了管理学者的广泛关注。然而，内部网络在知识盗用和保护中的作用仍未得到充分探讨。我们认为内部网络结构是有帮助的，因为即使是拥有相似发明人组合和知识基础的公司也可能以不同的方式组织它们。在这里，我们认为小世界属性是一种保护机制，填补了该领域的一个关键空白。我们将重点放在两个内部网络上，表明两种不同的机制可以解释 ICN 和 IKN 的小世界属性如何影响知识泄露风险，进一步探究了新质生产力背景下的知识保护策略。其次，鉴于跨国公司的外国子公司可能面临明显不同的制度环境，我们还扩展了在子公司层在薄弱的制度环境中保护 IPR 的有效工具的理解。除了跨国公司的特征之外，我们还考察了子公司，检验子公司内部的网络结构异质性是否会对其在弱 IPR 环境中的风险敞口作出反应。

我们以 1980 年至 2017 年美国制药公司的海外子公司为实证背景，进行了准自然实验和两阶段最小二乘（2SLS）估计来检验我们的假设。

8.2　理论框架和假设

8.2.1　理论背景

在新质生产力的背景下，IPR 保护变得尤为重要。在全球化和技术创新的推动下，跨国公司不断面临着知识产权保护的挑战。东道国 IPR 保护薄弱使得外国子公司的专有知识泄露的风险增加。在 IPR 保护薄弱的环境中，外国子公司保护其母公司及其知识的能力对其创新和维持其竞争优势至关重要（Li and Xie，2016）。大量的研究工作揭示了跨国公司及其子公司如何利用外部关系来保护其创新不被模仿。学者们认为，跨国公司可以建立政治关系，以尽量减少制度成本（Baum and Oliver，1991）。跨国公司还可以与当地经纪人和高地位的全球公司建立联盟（Shi et al.，2014），或者在不同的联盟网络中占据优势地位。在技术转让方面，一些学者表明，在 IPR 薄弱的国家，外国子公司可以通过设置壁垒和抢占市场份额等方式控制向当地企业的技术转让，从而降低模仿风险。

员工流动性可能是泄密的主要来源。学者们建议建立 IP 韧性的声誉

(Agarwal et al., 2009),以阻止不当行为。例如,2018 年,谷歌起诉其前工程师窃取自动驾驶汽车商业机密以帮助 Uber。这名工程师最终被罚款 1.79 亿美元,并被判入狱 18 个月。

一些研究强调了子公司的外部关系(例如,与母公司、姐妹公司或其他公司)在保护其知识方面的关键作用(Du and Williams, 2017; Gooris and Peeters, 2016)。那些认识到外部关系在知识保护中的重要作用的人在他们的工作中采用了外部网络视角(Zhelyazkov, 2018; Ryu et al., 2018)。其他人则强调内部机制,如员工管理和技术管理(Pisani and Ricart, 2018; Inkpen et al., 2019),以防止知识溢出(Baldwin and Henkel, 2015; Kim, 2016)。

然而,学者们在这个话题上尚未达成共识。例如,鲍德温和汉高(Baldwin and Henkel, 2015)认为,雇用具有共同价值观和信仰的员工可能会加剧或减轻知识征用风险。阿尔卡塞尔和赵(Alcácer and Zhao, 2012)的研究表明,集群之间的强知识联系可以保护专有知识。鲍德温和汉高(2015)提出将技术分散并将知识分成模块可以最大限度地减少征用的可能性。上述研究关注的是内部连接的关系,尽管一些学者强调应该应用网络视角来进行研究,但是由于缺乏对其结构方面的关注,目前仍存在争论(Kleinbaum and Stuart, 2014; Kurt and Kurt, 2020; Wang et al., 2014)。

内部化研究广泛调查了内部单位和二元关系,但没有调查内部单位之间相互作用的模式和结构(Kurt and Kurt, 2020)。它从内部网络的角度揭示了一些企业知识的保护机制,但没有详细处理企业内部网络的结构特性。正如克莱因鲍姆和斯图尔特(Kleinbaum and Stuart, 2014)所断言的:很少有人探讨组织内部网络结构对公司本身的影响;目前的研究通过探索子公司知识产权保护中内部网络结构的角色来解决这一问题。

8.2.2 制药行业背景

在新质生产力的背景下,随着全球化和技术进步的推动,制药公司不断面对创新和知识产权保护的挑战,同时需要经常参与全球药物的开发和商业化。大多数大型制药公司都在全球范围经营,包括 IPR 安全性可能较低的新兴经济体,并且经常将其新药测试活动分散在多个国家(Gooris and Peeters, 2016)。其中一些公司通过在海外建立研发实验室,以低成本获得高质量的员工,从而促进产品分销(Zhao, 2006)。跨国公司的全球化研发有利于其开拓国外市场。许多研发子公司已经成为卓越中心，建立了适合当地创新环境的当地技术能力。然而，国际化经营可能会使制药公司面临知识产权泄露的风险。

全球制药行业是创新密集型行业。该行业严重依赖研发，并将大部分净收入重新投入创新（根据 Investopedia 的数据，2019 年平均为 17%）。大约 82% 的药品专利发明获得了专利（Qian，2007）。此外，该行业的创新过程受到严格监管并且高度结构化。世界上大多数国家的政府都建立了自己的药品监管机构。

IP 保护在制药行业至关重要。由于制药行业研发支出高，将新药推向市场需要很长时间，因此该行业面临着不断的 IPR 保护修改（De Carolis，2003）。技术进步可以降低复制化合物的难度，该行业必须严重依赖 IP 保护。此外，如果不能充分保护其技术能力，企业就无法维持竞争优势。然而，一些对其他行业有强有力 IPR 保护的国家可能并不总是对药品提供强有力的保护（Liu and La Croix，2015；Qian，2007）。这种情况强化了制药企业使用更多内部策略来防止知识泄露的必要性。

本章在 IPR 薄弱的环境下，研究外国子公司如何使用内部网络防御来防止知识的不当占有。鉴于一个国家内部 IPR 保护的反事实结果很难观察到，我们使用国际比较作为检验假设的有价值的杠杆。与贸易有关的知识产权协议（TRIPS）强调了对制药业的大规模专利保护。20 世纪 90 年代，许多国家签署了一项协议，为调查当前的研究问题提供了一个自然的实验。在上述讨论的基础上，我们认为制药行业适合进行这项研究。

8.2.3 理论假设

1. 网络视角

网络由一组有限的节点——个人、组织或知识元素——以及它们之间的关系组成（Borgatti and Halgin，2011）。网络视角表明，作为分析单位的关系模式强烈地影响着整个网络世界及网络中的个体。

许多文献应用网络视角来研究各种 IB 现象——国际化、跨国公司和新的国际企业等。网络理论研究的一些最新发展强调了网络中所利用的联系的多样性日益增加。对这一观点的阐述认为，创新涉及"双重网络"和多重嵌入性。在当前的研究中，我们采用双网络视角来分析内部社会网络和知识网络。

我们根据两位研究人员在一项或多项专利中的共同创作来确定他们之间的联系。ICN 强调通过这种社会关系进行知识转移。在 IKN 中，决定性的联系是科学和技术知识元素之间的联系（Yayavaram and Ahuja, 2008）。这两种类型的内部网络不一定同构（Wang et al., 2014），发明人之间的合作模式通常不同于知识要素之间的联系模式。相同的结构特征在这两种类型的网络中可能具有不同的含义和效果。例如，有研究发现，协作网络中的中心性表明了行动者的地位，知识网络中的中心性表明了知识元素与其他元素之间的自然关联（Wang, 2014）。

基于社会的协作网络促进了组织或个人的资源访问、信息传播、思想交流和互动（Kurt and Kurt, 2020）。以知识为基础的网络扩大了知识要素结合的机会。ICN 促进了基于社会的搜索，并联系了许多发明家之间的知识共享和搜索。IKN 在知识关联的基础上促进了对发明者之间新知识元素的知识搜索。管理良好的公司会管理其内部协作和知识网络的形态。

2. 小世界属性

我们关注的是网络作为一个整体的小世界属性，而不是强调上述两种类型的网络的自我结构，因为小世界属性与知识扩散存在显著相关性（Phelps et al., 2012; Schilling and Phelps, 2007）。小世界网络表明网络成员的直接联系人（称为集群）和那些桥接集群之间的密切联系。小世界系统中的行动者，例如紧密研究伙伴集群中的研究人员，可以通过相对较少的中介与他人互动。与此同时，他们的集群伙伴很可能与他人处于不同的集群中。这些联系有助于研究人员与其合作伙伴的合作伙伴进行交流或保持联系。这样的网络表现出小世界的两个属性——高局部聚类和低全局分离。

小世界出现在各种各样的环境中，比如联盟、科学合作和精英企业网络（Gulati et al., 2012; Davis et al., 2003），但发表的关于网络小世界的 IB 研究很少。科古特和沃克（Kogut and Walker, 2001）的一份报告发现，德国企业之间的所有权联系构成了一个小世界。

小世界的两个属性——聚类和平均路径——与信息交换和知识流动有关（Ellis, 2011）。现存的 IB 文献已经讨论了这些关系。鲁格曼和维尔贝克（Rugman and Verbeke, 2003）认为，如果外部无法完全了解集群，则一定存在隔离机制（如因果模糊性）。埃利斯（Ellis, 2011）认为行动者之间的网络距离会影响他们识别新机会的倾向。综上所述，现有的 IB 研究已经认识到网络聚类和平均路径在知识流动中的作用,但主要是从绩效的角度出发,小世界属性在知识边缘保护中的作用很少受到关注。

3. ICN 和 IKN 小世界属性与 IPR 保护

社会关系是复杂的,协作网络是一个现实世界的复杂系统(Newman et al., 2002)。这些特征可能是有利的,因为当复杂的社会关系与复杂的 ICN 小世界结构交织在一起时,外人将难以模仿由此产生的复杂性。科尔伯特(Colbert, 2004)解释了复杂社会系统中组织员工的安排。这样的系统对于其他人来说是复杂的,无法解释和模仿,从而提供了竞争优势。这一优势在知识产权保护薄弱的国家尤其有用。

有价值的知识超越了程序、实体和技术等方面,因此知识应该驻留在公司中最具战略意义的位置(Cohen and Levinthal, 1990)。这个过程依赖于知道谁知道什么,以及他们如何协同工作。社会复杂性又使这类知识极难转移,从而降低了知识外溢到东道国其他公司的风险。例如,当社会复杂性很大时,竞争对手很难通过招募一个或几个员工来模仿有价值的创新(Colbert, 2004)。当研发人员在当地集群中紧密联系在一起时,他们往往会在当地社区中形成共同的规范、信任和群体制裁。他们只与少数关系紧密的合作伙伴共享信息,这使得外部人员更难接触和获取知识。在本章的一次采访中,一位外国子公司经理将大多数知识边缘研究人员描述为复杂机器中的齿轮,因此创新依赖于复杂的合作。

假设 8-1a:IPR 保护较弱的东道国的子公司可能会建立一个高度小世界的 ICN。

IKN 是不同的,因为它们是基于知识边缘相关性的。在一个小世界 IKN 中,两个随机选择的知识元素可能是高度相关的,并通过少量的联系连接在一起。亚亚瓦兰和阿胡贾(Yayavaram and Ahuja, 2008)认为,知识库中的这种结构可以进行广泛、深入和高效的搜索。然而,它也使竞争对手能够在子公司现有的知识网络中搜索组合或模仿的机会增加。因此,IKN 中的小世界会加剧知识泄露的风险。而当子公司的 IKN 没有紧密相连时,单独访问其中的单个部分的价值就会降低。将零碎的知识元素泄露给竞争对手通常对网络元素影响不大(Kim, 2016),限制了竞争对手可能造成的损害。

学习通常是联想的(Cohen and Levinthal, 1990)。在以高度关联的知识组件为特征的小世界 IKN 中,竞争对手只需要获得少数知识组件就可以深入了解企业的核心技术。在 IPR 保护薄弱的环境下，上述情况是一种严重的风险。一种防御方式是分散难以通过法律制度保护的关键信息。分散和去中心化的信息会提高模仿者的搜索成本，使其难以理解和合并来自不同来源的信息。成本和难度降低了有人成功复制的机会。作为对上述观点的印证，一位研发经理在接受采访时表示，他倾向于隐藏公司核心知识要素之间的联系，以防止模仿者"拔萝卜带泥"。分散的国际知识网络减少了盗用的动机，因为模仿者只能获得有限的知识或信息。

假设 8-1b：IPR 保护较弱的东道国的子公司可能会建立低小世界属性的 IKN。

一旦 MNE 的子公司在东道国建立了网络和学习路径，MNE 就可以积累可能对子公司有用的资源和能力。在 IPR 保护不足的国家，MNE 在东道国的具体经验可能对其子公司有所帮助。东道国经验建立了当地知识和联系，有时可以防止当地竞争对手利用他们窃取其专有知识。在这种情况下，与政府和核心利益相关者的关系可能是有利的。具有东道国经验的 MNE 知道如何帮助子公司监督竞争对手，克服外国责任，并采取适当的知识产权保护措施。维持小世界属性的需要将取决于是否有其他可用的防御机制。替代措施可能会为知识溢出增加额外的障碍。例如，经验丰富的 MNE 可以与其子公司分享与东道国当地合作伙伴发展组织间关系的经验（Du and Williams，2017）。

假设 8-2：当母公司拥有更多的东道国经验时，东道国 IPR 保护的薄弱性与子公司内部协作网络（ICN）和内部知识网络（IKN）小世界性之间的关系将被削弱。

8.3 研究方法

8.3.1 样本选择和数据收集

本章的实证背景是制药行业。我们使用 Compustat 数据库识别 1980~2017 年期间美国所有 1 401 家上市制药公司，并使用毕威迪（BVD）发布的 Orbis 数据库获取其外国子公司的名称和位置。我们确定了 742 家制药公司及其子公司。参照相关方法（Zhao，2006；阿尔卡塞尔和赵，2012），我们将重点放在分析其间进行研发的国外子公司上。最后的样本包括 121 家制药公司的 401 家国外子公司，分布在 39 个国家。最终的数据面板包含 7 781 家子公司的年度观察数据。

IPR 保护指数来自 GP 指数（Ginarte and Park，1997），并辅以 Fraser 研究所的产权保护指数，这是一个全球经济自由指数。

有关子公司研发活动的信息来自欧洲专利局 Patstat 数据库检索的专利记录。1980 年到 2017 年，样本中的公司总共申请了 223 074 项专利。关于国家特征的其他数据来自世界银行的数据库，联盟信息来自 SDC 白金数据库。

一个关键的问题是每家公司在每个数据库中的标识符都不同。因此，我们手动将公司名称与其标识符进行匹配。我们认为成功匹配名称和地址的公司是同一家公司。BVD Orbis 数据库的检索功能也很有帮助。在向 BVD 系统提交公司列表后，匹配过程产生一组最符合指定搜索标准的公司。在本章中，我们使用了最高质量指标（总分 95% 以上），并通过筛选可用的公开信息（使用 LexisNexis 及谷歌）手动确认匹配的结果。

8.3.2 变量测量

该研究有两个因变量：子公司的合作网络和知识网络的小世界属性。在专利数据的基础上，我们以年为单位为每个子公司构建一个合作网络和知识网络。我们使用申请年度将每项专利分配给一家公司，因为它与一项技术创造的时间紧密相关。我们还利用子公司所有发明人之间的共同作者关系来构建其年度合作网络。在合作网络中，"节点"是发明人，"连接"是专利的共同作者。

知识网络是利用专利的全数字国际专利分类（IPC）代码的共现性构建的（Belderbos et al.，2013）。IPC 是世界知识产权组织使用的一种分层技术分类系统，它根据专利的关键技术领域对专利进行分类。"节点"是 IPC 代码，"连接"是由对同一专利进行分类的两个 IPC 代码表示的。换句话说，如果两个 IPC 代码同时存在，则这些知识元素之间存在联系。

为了量化网络的小世界属性，我们以年为单位计算每个子公司的聚类系数和整个网络的路径长度。小世界商的计算应该使用相同大小的随机网络作为基线（Gulati et al.，2012；Uzzi and Spiro，2005）。下一步是估计观察到的与随机聚类的比率以及观察到的与随机路径长度的比率（Gulati et al.，2012）。我们使用大小调整的聚类系数比率（CC 比率）和平均路径长度比率

（PL 比率）来消除网络大小的扭曲效应，并使用 CC 比率/PL 比率来评估小世界商。

我们使用 IPR 保护力度指数作为关键的自变量。GP 指数和 Fraser IPR 指数有不同的尺度。我们将这些指数除以它们的最大值进行归一化。我们使用两个标准化指数的平均值作为 IPR 保护力度的衡量标准。单独使用每个指数后，结果仍然稳健。

东道国经验是关键的调节变量。我们基于母公司在东道国的历史，并将其量化为母公司所有子公司在东道国经营的年数之和（Li et al., 2015）。

我们还纳入了几个控制变量。子公司的研发生产率用其申请的专利数量来量化。知识广度是指每项专利的平均技术类别数。在分析中，我们将每项专利的平均发明人数量（称为知识型员工）视为控制变量。我们将每项专利的平均引用次数作为影响指标。我们通过每项专利的平均国家申请量来衡量地理范围。我们还增加了子公司联盟伙伴（称为联盟）的数量以及子公司在东道国的姐妹公司（称为当地姐妹公司）的数量。

模型中考虑了母公司的研发生产率$_p$、知识型员工$_p$、知识广度$_p$、影响力$_p$和地理范围$_p$。它们以与子公司相同的方式被量化，用 p 的下标区分两组变量。母公司的总资产是另一个控制变量。母公司的人均研发产出也包括在内。

子公司向母公司的知识转移表现为母公司对子公司专利的反向引用。与母公司的技术相似度是子公司的专利和母公司共有的技术分类数除以两家公司专利的技术分类总数。与母公司的合作是用共同发明的数量除以子公司的专利总数来量化的。人均 GDP 和东道国的外国直接投资（FDI）金额被纳入模型，用来对东道国进行描述。

8.3.3 模型和方法

我们评估了看似"不相关"的回归（SUR）来检验 IPR 保护与子公司内部网络结构之间的关系。SUR 方法同时分析了一组看似"不相关"的模型，但其误差项可能是相关的。对这类模型的独立分析可能会导致误导性的统计显著性。SURs 通过合并模型间误差项的同步相关性，并在单个迭代过程中为所有相关模型生成参数估计，得到比独立分析更有效的参数估计。当方程中存在多个因变量和相同的自变量、并且每对方程中的两个方程都来自相同的数据集时，SUR 是合适的（Agarwal et al., 2004; Cannella and McFa-dyen,

2016)。当因变量为网络特征（如节点的删除和添加）时，它被广泛应用于网络研究中（Cannella and McFadyen，2016）。SUR 修正了模型误差项之间的相关性。

在本章中，公司包含在误差项中的未观察到的特征，如个人与组织的契合度或吸收能力，可能同时影响其两个内部网络。因此，预测 ICN 和 IKN 的小世界属性的两个模型的误差项是相关的。因此，我们估计了以下回归：

$$\begin{cases} ICNsmall-worldness_{ijt+1} = \alpha_1 \times IPR_{ijt} + \alpha_2 \times IPR_{ijt} \times Host\ country\ experience_{ijt} + \delta C_{ijt} + u_{ijt} \\ IKNsmall-worldness_{ijt+1} = \beta_1 \times IPR_{ijt} + \beta_2 \times IPR_{ijt} \times Host\ country\ experience_{ijt} + \eta C_{ijt} + v_{ijt} \end{cases}$$

(8-1)

其中，i 指公司，j 指国家，t 指年份，u_{ijt} 和 v_{ijt} 是误差项。C_{ijt} 是控制变量的矩阵，包括子公司、母公司、二元和国家层面的变量。我们感兴趣的系数是 α_1 和 β_1，它们衡量的是 IPR 指数每增加一个点，ICN 和 IKN 小世界值相应的变化幅度。α_2 和 β_2 检验假设 8-2。

一些不可观察的企业特征可能会在 IPR 指数与内部网络结构之间产生虚假的关系。例如，追求降低成本的研发的企业可能会选择劳动力成本低廉但 IPR 保护薄弱的国家（Zhao，2006）。其成本削减也会影响其研发人员和技术知识网络的配置（Zhou and Wu，2010）。在这种情况下，如果一个未观察到或忽略的变量（本例中为降低成本的研发）混淆了独立变量（IPR 保护）和因变量（小世界属性），则可能出现内生性问题。不纠正这种内生性会导致有偏差的系数有效的估计，可能支持错误的结论（Hamilton and Nickerson，2003）。

为了解决这种可能性，我们应该进行一项分析，提供 IPR 强度的外生变化（Hamilton and Nickerson，2003）。这项分析可以估计 IPR 状况和企业内部网络配置之间的关系强度。这里利用的外生变化的具体来源是实施世贸组织的 TRIPS 原则。TRIPS 制度要求一个国家满足最低的 IPR 保护标准。因此，这是一个合理的外生变化，因为其制定并未反映任何子公司的战略行为（Campi et al.，2019）。TRIPS 协定的实施是一项准自然实验，我们将观察结果分为实施前组和实施后组，以及实验组和对照组。双重差分法被用于估计各国 IPR 指数的变化。在第二阶段，我们使用第一阶段预测的 IPR 指数来确定子公司未来的防御策略。

在第一阶段，我们使用 IPR_{ijt} 预测：

$$IPR_{ijt} = \gamma_0 + \gamma_1 \times Post_{ijt} \times Treatment_{ijt} + \gamma_2 \times C_{ijt} + \omega_{ijt} \qquad (8-2)$$

其中，$Treatment_{ijt}$ 对东道国执行 TRIPS 协议的子公司的值为 1，对其他子公司的值为 0；$Post_{ijt}$ 为 1 表示一个国家实施 TRIPS 协议后的观察，其值为 0 表示实施前的观察。这一阶段我们感兴趣的系数为 γ_1。在第二阶段，主要公式与公式（8-1）相同，只是我们将 IPR 指数替换为预测值。

8.4 分析和结果

回归结果中，变量的最大方差膨胀系数为 4.40，因此多重共线性不是一个严重的问题。

表 8-1 给出了 2SLS 模型的系数。模型 1 预测了第一阶段的 IPR。相应的 Cragg-Donald F 统计值为 1720.2，远高于"强"工具的阈值。Anderson Canon 相关 LM 统计量的 p 值≤0.001。在模型 1 中，处理后项的系数显著且为正。

表 8-1　　似不相关分析结果

变量	模型 1	模型 2	模型 3	模型 4	模型 5
	阶段 1 - IPR	阶段 2 - 合作网络小世界[a]		阶段 2 东道国经验的调节作用 - 知识网络小世界	
Treat × Post	0.059 (0.004) [0.000]				
IPR 指数预测值		-0.044 (0.019) [0.021]	-0.106 (0.033) [0.001]	0.022 (0.005) [0.000]	0.043 (0.009) [0.000]
东道国经验（Ln）			0.050 (0.011) [0.000]		-0.005 (0.003) [0.111]
IPR 指数预测值 × 东道国经验（Ln）			0.015 (0.007) [0.020]		-0.005 (0.002) [0.004]
常数	0.068 (0.051) [0.183]	0.920 (0.411) [0.025]	0.848 (0.412) [0.040]	0.024 (0.110) [0.825]	0.014 (0.111) [0.898]
F value/Chi^2	100.75	1 393.22	1 419.09	830.93	841.86

续表

变量	模型1	模型2	模型3	模型4	模型5
	阶段1 – IPR	阶段2 – 合作网络小世界[8]		阶段2 东道国经验的调节作用 – 知识网络小世界	
p值	0.000	0.000	0.000	0.000	0.000
R^2	0.624	0.152	0.154	0.097	0.098

注：(1) 标准误差显示在（）中，p值显示在［］中；
(2) 稳健标准误差在第一阶段回归中按子公司进行聚类；
(3) 考虑了国家的固定效应；
(4) N = 7 781。

模型2预测IPR指数系数显著为负（$\beta = -0.044$；$p \leq 0.05$），表明高IPR与低ICN小世界属性之间存在关联。这一发现表明，子公司通过建立以高小世界为特征的ICN来应对弱IPR保护，支持假设8 – 1a。在模型4中，预测的IPR指数是显著的正预测因子（$\beta = 0.022$；$p \leq 0.001$），表明强有力的IPR保护与高IKN小世界属性之间存在关联。这一发现表明，子公司通过建立以低小世界为特征的IKN来应对弱IPR保护，支持假设8 – 1b。

模型3和模型5考虑了东道国经验可能产生的调节作用。表示IPR保护与东道国经验之间相互作用项的系数是正的，具有统计学意义（模型3中$\beta = 0.015$；$p \leq 0.05$）。模型5中对应的相互作用项系数也显著（$\beta = -0.005$；$p \leq 0.01$），支持假设8 – 2。

表8 – 1模型1中的处理后系数表明，一国实施TRIPS协议后，IPR保护的平均水平有所提高。IPR指数平均值为0.79。因此，TRIPS协定实施后，IPR保护力度增加了约7.43%，这是一个相对较大的加强。我们进行了一项安慰剂测试，其中一半的处理年份和一半的处理国家是随机的。然后，我们用500组这样的安慰剂重新估计回归，"效果"（处理后的平均系数）不显著（$\beta = 0.004$；$t = 1.413$；$P > 0.1$）。这些结果进一步证明了本章中使用的识别技术的有效性。

对结果稳健性的一项检验仅涉及拥有超过五项专利申请和超过200万居民的东道国，其中超过1%的居民在焦点年份接受过高等教育（Zhao，2006）。另一项检验忽略了可能影响立法结果的大公司。我们重新估计了模型，排除了专利生产率在样本中排名前10%的子公司。另一项分析排除了子公司与其他公司的发明人共同发明的专利。在这种情况下，重点附属机构可能对所涉及的 ICN 的配置具有较少的控制权，由子公司和 MNE 以外的公司共同发明的专利被排除在外。同样，所有与母公司或其他子公司共同发明的专利都被忽略。结果的模式与所有这些测试的原始发现保持一致。

我们还使用几何平均值、最大值和最小值重新计算了聚类。这些结果与原始分析的结果几乎相同。一些研究强调了随机模型在建模异质性方面的重要性（Bell and Jones，2015）。因此，我们也测试了随机效应，但没有发现显著不同的结果（这些测试的详细信息可向作者索取）。

8.5　结论和讨论

新质生产力的发展提升了企业在全球化中的知识保护的重要性。研究结果证实，企业可以调整内部协作和知识网络，以应对子公司知识产权面临风险的情况。研究结果还表明，当 MNE 在东道国的经验较少时，这些措施至关重要。

这项研究在三个方面为该研究领域作出了贡献。研究结果加强了对"内部联系在国外子公司知识保护中作用"的学术理解。以往研究支持内部化研究的一些论点，即紧密的内部组织可以保护创新不被当地竞争对手模仿（Zhao，2006）。本章将学术注意力从二元组合和投资组合转移到网络，进一步推进了这一推理路线（Alcácer and Zhao，2012）。先前对外国子公司的研究考虑了他们的知识型员工和员工知识要素，但往往忽视了知识型员工或要素的广泛内部网络背景。网络结构很重要，因为它表明，即使拥有相似数量或类型的发明者或相似的知识组合的子公司，由于结构变化，仍然可能具有不同的有效管理其知识活动的能力（Yayavaram and Ahuja，2008）。忽视网络视角会掩盖对子公司管理决策具有重要意义的信息。本章将子公司视为一个关系网络，从而使网络方法适用于对其知识创造活动的调查与追踪。

本章描绘了国外子公司的两种不同的内部网络，并区分了它们保护知识产权的基本机制。大量理论证据表明，社会复杂性增加了占用企业知识的难度和成本（Nelson and Winter，1982）。我们的小世界方法通过解释小世界 ICN 结构可以增加因果模糊性并降低有价值的知识模仿性来推进相关研究。在此基础上，局外人将难以确定哪个人贡献了什么，他们如何相互作用，以及每个人贡献了多少,从而增加了盗用企业知识的成本。

我们的研究结果倾向于支持这种观点,即企业可以依靠与知识相关的措施,使竞争对手难以解释和模仿其技术。提升知识广度和多样性、过程碎片化以及国际专利都被认为是有帮助的(Gooris and Peeters,2016)。然而,先前的研究将企业知识库视为独立知识要素的集合,忽略了知识要素之间的相互作用。在新质生产力的背景下,这一不足显得尤为突出,因为新质生产力强调通过知识要素之间的连接和交互提升企业的创新效率和竞争能力。这引出了一个至关重要的问题:企业如何调整其知识网络以抑制知识溢出?我们的发现提供了一些解释。

我们的发现推进了先前的研究,如鲍德温和汉高(Baldwin and Henkel,2015)的"隔离机制"与古里斯和皮特斯(Gooris and Peeters,2016)的"碎片化机制"。这些学者表明,将任务或组成部分分散到不同的研究单位(或在组织上或地理上)有助于保护企业创新,因为任何单位的知识价值都是相对有限的。我们的研究利用 IKN 小世界属性来表示内部知识关联,并解释了限制企业知识网络的小世界属性如何作为一种知识不关联机制,将其知识库划分为离散的子集群,从而补充了上述发现。

区分使内部协作和知识网络有效的潜在机制,本章提出的一些概念论点与相关研究一致,表明知识网络中搜索过程的潜在机制与协作网络中的搜索过程不同(Wang et al.,2014)。有研究认为协作网络中的自我中心结构特征是关于人类互动产生的搜索机会和约束(Wang et al.,2014)。知识网络中的自我中心结构特征为通过相关元素搜索知识元素提供了认知便利。我们的研究建立在他们的研究的基础上,但又有所不同,强调在 IPR 保护薄弱的情况下,协作和知识网络在保护创新方面的作用。

最后,国际商业学者考察了网络动态的驱动因素。网络地位和国家信任水平引起了相当大的关注(Shi et al.,2014)。与先前主要处理与外国合作伙伴或其他子公司的外部网络的研究不同,我们关注的是内部网络。基于对多层次涌现的理论见解(Kozlowski et al.,2013),并基于具体描述国家差异如何影响企业战略的研究结果,我们将地方 IPR 保护与企业网络结构联系起来。因此,我们通过使用多层视图将制度因素与外国子公司的内部网络动态联系起来,扩展了这一研究。

8.5.1　管理启示

在新质生产力的背景下，创新能力不再仅仅依赖于传统的生产要素积累，而是更加注重知识的创造、流动和有效利用。在知识产权保护环境薄弱的情况下，应对知识泄露风险尤为重要。我们的研究结果对 IP 制度薄弱的国家的外国子公司创新具有重要意义。在这种环境下，大多数外国子公司都面临着高知识泄露风险的重大挑战。因此，本章为外资子公司提供了缓解此类担忧的策略建议。IPR 保护薄弱的环境下，外国子公司可以考虑重新调整其组织结构，以增加其小世界属性。这一过程涉及加强其研究单位之间的合作，并促进桥梁建设，可能需要召开部门间会议或研讨会，以建立部门间的协调和改善信息共享。子公司也可以考虑重塑其技术知识的耦合结构。子公司可能会很狡猾，甚至部署一些令人困惑或具有欺骗性的技术来欺骗模仿者，比如通过形成链式结构或分离知识库来分散其知识网络，以增加竞争对手的搜索成本和时间。我们认为，面临知识泄露风险的外资子公司管理者可能会发现，改进子公司的内部网络设计是值得的。

8.5.2　局限性和未来工作

除了本章所讨论的，公司还有其他重要的内部网络。其他网络（例如，引文网络）对知识保护的影响可能值得学术关注。此外，重塑内部网络也有一定的成本。增加 ICN 小世界性，可能会增加协调成本，而减少 IKN 小世界性，可能会增加搜索成本。成本－收益权衡可能是值得研究的方向。

在本章中，我们专门与大型制药公司的外国子公司合作进行研究。与其他类型的企业相比，这些企业不可避免地面临更多的知识泄露风险。在将这些发现推广到其他行业时，需要谨慎，它们是否适用于私人控股或较小公司的外国子公司尚不清楚。小公司的外国子公司可能更感兴趣的是从知识溢出中获益，而不是降低溢出风险。因此，未来的研究应该收集原始数据，并调查不同外国子公司在内部网络反应方面可能存在的差异。

第9章

竞争与合作网络对创新绩效的影响

9.1 引　言

　　新质生产力是企业通过创新驱动实现资源整合与价值创造的关键动力，其发展依赖于持续的创新能力。在创新网络的文献中，有一个广泛的共识，即与合作网络相关的企业结构特征会影响其创新表现（Guan et al., 2015；Gulati, 1999；Skilton and Bernardes, 2015）。一般结论是，企业在合作网络中的位置会影响其资源和信息获取，进而影响其创新。重要的是，最近的研究引入了基于竞争相互依赖的企业竞争网络的概念，这在以往研究中一直被忽视（Skilton and Bernardes, 2015；Zhang and Guan, 2019）。这一观点有助于学者发展出更全面的企业间网络理论。然而，这些研究仍然或多或少地将合作网络和竞争网络视为孤立的网络（Ahuja, 2000；Skilton and Bernardes, 2015；Zhang and Guan, 2019），从而留下了研究的空白。

　　这一研究空白是令人惊讶的，因为行为者同时处于由竞争和合作关系构成的网络中（Ritala et al., 2016）。企业双重嵌入在两种类型的网络中——由企业间合作组成的合作网络和由企业间竞争组成的竞争网络。这两种网络的结构并不相互对应。例如，为了开发新技术，一家企业会与一些亲密的合作伙伴多次结盟。在新技术和先进技术方面，该企业的竞争对手很少。因此，这家企业在合作网络中有很强的联系，在竞争网络中有较弱的联系。当企业作为多个网络中的行为者时，它可能具有多种不同的网络特征。竞争与合作战略构成一个企业战略的自然且不可或缺的部分，应该一并予以探讨。将竞争关系与合作关系分离，会导致对企业创新网络的认识不完整。因此，作为首批研究竞争网络的学者，斯基尔顿和伯纳德斯（Skiltonand and Bernardes，2015）为未来的研究提出了一个问题：同时进行的合作与竞争是否会联合影响创新绩效？

本章回应了这一疑问，并解答了以下问题：企业的合作与竞争网络如何共同影响创新绩效？本章建立了一个理论模型，该模型认为，企业的创新绩效取决于合作网络和竞争网络中的自我网络特征，而非企业在某个网络中的特征。具体来说，我们构建了不同的网络关系强度和密度的组合，并研究了它们对创新绩效的影响。关系强度是指焦点节点与其相邻点之间的连接强度，网络密度是指其相邻点之间连接的结构。我们选择关系强度和密度是因为它们是自我网络分析中的两个重要网络属性，被广泛用于计算网络中的关系嵌入性和结构嵌入性。网络理论认为，强联系可以表明企业双方具有共同的经历，这有利于互动、信任和相互支持；密度则表明了焦点企业的封闭程度和基于其邻点之间联系结构的冗余信息量（Burt，2004；Fleming et al.，2007）。

本章聚焦于自我网络而非整体网络，这与伯特（Burt，2007）的结论相一致，即行为者之间的直接联系是影响创新绩效的主要因素，而非远距离联系。因此，本章没有分析整体网络特征。基于陈（Chen，1996）的资源基础和市场侧竞争概念，我们使用两种类型的竞争（即技术和产品）来构建竞争网络，这与帕克（Park et al.，2014）的方法一致。同样，根据相关研究（Guan et al.，2015；Park et al.，2014），我们使用技术和联盟合作来构建合作网络。我们选取了 2000~2013 年中国计算机和通信行业的 12 068 家企业，构建了它们的合作和竞争网络。在实证分析中，我们使用面板数据，建立并估计了固定效应负二项式（NB）回归模型。结果表明，在竞争网络关系强度较弱、合作网络关系强度较强，或嵌入在密集的自我竞争网络和稀疏的自我合作网络中的企业，表现出更高的创新绩效。

首先，本章强调了企业嵌入性的多样性。我们的研究支持了这样一个观点：需要更详细地了解不同情况下合作与竞争之间的最优平衡。我们证明了企业的创新绩效是由其双重嵌入的合作与竞争网络的相互作用共同驱动的。基于这一观点，我们探讨了合作与竞争网络的特征如何共同影响企业。其次，本章强调了合作网络和竞争网络对创新的协同作用。我们确定了合作与竞争网络中自我网络特征的多方面影响，从而推动了关于自我网络特征在企业创新绩效中重要性的研究，为企业如何利用自我网络特征进一步发展新质生产力提供了建议。

9.2 理论框架和假设

9.2.1 理论背景

新质生产力需要企业通过技术、管理、制度创新等多方面的创新，推动经济高质量、绿色和可持续发展。因此企业需要整合网络资源和信息，将其转化为创新成果并提升创新绩效。企业的网络特征在促进其获取资源和信息方面发挥着重要作用，而这些资源和信息又反过来影响其创新绩效（Gnyawali and Madhavan，2001）。大量文献表明合作网络的重要性。合作网络中节点代表企业，边代表它们之间的合作联系（如联盟）（Ahuja，2000；Schilling and Phelps，2007）。合作使企业能够享受知识转移、互补性和规模效益带来的好处，从而为提高创新绩效提供了潜力。一些学者指出，企业在网络中的位置是其社会结构的一个关键方面，好的网络位置可以提高其获取外部知识和创造新知识的能力，以实现更好的创新绩效。例如，阿胡贾（Ahuja，2000）认为，强联系使合作企业能够享受知识共享的好处，而较低的密度（即许多互不连接的合作伙伴）则意味着可以接触到许多不同的信息流。也有研究者发现，在探索性创新中，不连接的网络具有信息效益和决策自主权，而高中心性往往对探索性创新产生负面影响（Wang et al.，2014）。

竞争网络很重要，却在很大程度上被忽视了（Skilton and Bernardes，2015）。大量的文献在二元层面而非网络层面将竞争概念化。竞争网络由企业和它们的竞争对手组成，它们之间的直接竞争产生了相互依赖的关系。基于这一观点，斯基尔顿和伯纳德斯（2015）发现，自我竞争网络的规模、密度和多样性会影响企业后续的产品进入市场。也有研究提出，企业在竞争网络中的密度对其创新能力和创新绩效有正面影响（Zhang and Guan，2019）。

以上两类文献分别研究了合作网络和竞争网络。然而，企业总是同时参与合作和竞争关系的（Gnyawali and Madhavan，2001），因此，企业必须在合作与竞争的关系中取得平衡，并将这些关系转化为对其创新或利润目标的益处。关于竞争网络和合作网络是否共同影响企业创新的研究尚不充分。由于企业同时嵌入在两种网络（竞争网络和合作网络）中，因此应该同时考虑其在这两种网络中的结构位置。现有研究忽视了这两种网络对创新的共同影响，这种影响需要进一步研究。与单一网络的研究相比，对多个网络的研究可能更有研究前景。因此，我们的目标是将企业的竞争网络和合作网络整合到一个理论框架中。我们的主要观点直截了当：为了实现更好的创新绩效，企业应同时考虑合作和竞争网络结构。在本章中，我们关注两种自我网络结构，即关系强度和网络密度。在自我网络中，关系强度指的是企业相互联系的程度，从弱到强不等；网络密度指的是自我网络中个体之间的相互连接程度。这两个结构特征被广泛用于指示自我网络的结构和关系，这与企业的创新过程和创新绩效高度相关（Moran，2005）。我们关注这些自我网络特征的另一个原因是，竞争理论表明，行为者会更加关注他们的直接竞争对手，而非间接竞争的其他企业（Skilton and Bernardes，2015）。

企业所嵌入的网络会影响其行为和成果的形成，因此，社会网络分析（SNA）被视为研究合作和竞争问题的一个有用工具（Skilton and Bernardes，2015）。现有研究已经研究了企业间存在的各种类型的跨企业合作。然而，大多数关于合作网络的研究仅关注一种类型的合作关系，如联盟或技术或科学合作（Ahuja，2000；Schilling and Phelps，2007）。我们引入了两种类型的合作网络（即联盟和技术合作）来反映合作关系。

同样，有研究人员提出了基于市场和资源的竞争对手识别理论（Peteraf and Bergen，2003）。企业可能会面临多种不同类型的竞争，如产品和技术竞争（Barney，1986），企业间的市场重叠和产品相似性可以用来衡量市场侧竞争的潜在强度。根据资源基础观，技术资源被视为企业有价值的竞争性资源。技术竞争总是发生在拥有相似或重叠技术资源的企业之间（Barney，1986），这可以用来衡量资源侧竞争的潜在强度。我们运用了两种类型的竞争网络（即产品竞争网络和技术竞争网络）来反映竞争关系。

9.2.2　理论假设

1. 竞争与合作网络关系强度

在合作网络中，关系强度反映了关系接触的紧密程度。关系强度结合了与合作伙伴相处的时间、情感强度、关系亲密度和服务的互惠性（Granovetter，

1973）。合作强度表明了焦点行动者与其合作伙伴接触和互动的频率，从弱联系到强联系不等（Levin and Cross，2004；Yan and Guan，2018）。在合作网络中，强联系意味着持续的关系和频繁的接触。强联系能够产生相互信任，增强社会凝聚力，并建立集体认同（Reagans and Zuckerman，2001）。弱联系则意味着松散的关系和不频繁的接触，这表明信任和互动的程度较低。合作中的弱联系会导致合作伙伴之间知识流动和沟通的不频繁。

在竞争网络中，关系强度具有不同的含义。竞争强度描述了双方在产品和资源上的重叠和相似性，并被认为是企业竞争问题中的一个基本因素。竞争强度的增加往往导致中心企业与其竞争对手之间在资源或市场上的更大重叠，这可能导致更多的知识泄露和价值侵占风险。竞争强度从强度最小的不竞争（独特的资源需求）到强度最大的完全竞争（相同的资源需求）程度不等。

在本章中，我们认为强合作强度和弱竞争强度将对创新绩效产生更大的提升作用。合作伙伴之间紧密而强烈的合作将增强信任和相互作用（Gulati，1995），使企业能够建立转移隐性知识的能力，从而鼓励那些共享此类知识和资源的变革者提升创新绩效。然而，当焦点企业面临激烈的竞争时，它可能会追求自身利益，而损害合作关系（Park and Russo，1996）。当企业合作时，共享的知识和新生成的知识对所有合作者开放。企业可能会担心其合作伙伴获取知识或技能，故意或无意地泄露给其竞争对手，从而损害其竞争优势（Kale et al.，2000）。对威胁的强烈感知可能会削弱企业间信任并增加机会主义行为（Das and Teng，2001），从而降低与他人分享知识的动力。当焦点企业处于高竞争强度的环境中时，它可能会减少其创造价值的努力（Bouncken et al.，2020）。此外，合作可以使企业进入新市场（Powell，1996）。然而，高竞争可能意味着合作伙伴获得的额外市场准入利益很少，因此，合作带来的创新利益可能会被削弱。由此，我们提出假设9-1。

假设9-1：合作强度更强、竞争强度更弱的企业更有可能拥有更高的创新绩效。

2. 竞争与合作网络密度

自我网络密度是网络的关键结构属性之一，其体现了在自我网络中，所有行动者相互连接的程度（Phelps，2010）。在合作网络中，三元闭合意味着行动者的合作伙伴仍然是彼此的合作伙伴。较低的网络密度意味着焦点企业的网络是稀疏的，其合作伙伴之间不太可能进行合作；较高的网络密度则表明这些行动者之间很可能相互连接。密集的合作网络往往是封闭的，共同的规范和价值观作为企业过滤器，可能会阻碍外部创新思想和信息的进入（Meschi and Wassmer，2013）。因此，过于密集的合作网络会使新思想和新信息难以进入。

已经有大量研究探究了合作网络密度，而关于竞争网络密度的研究还不足。合作网络中的三元闭合表明焦点企业有能力支持其朋友相互成为朋友，而在竞争网络的情况下，则表明焦点企业拥有使竞争对手相互竞争的相反能力。如果焦点企业嵌入在具有"闭合"特性的自我竞争网络中，即其竞争对手之间相互竞争，那么它可能会处于更有利的位置（Zhang and Guan，2019）。

在本章中，我们认为稀疏的合作网络和密集的竞争网络将导致更高的创新绩效。密集的合作网络具有大量冗余连接，其对网络成员施加强大压力以分享共同价值观、准则和信念，从而导致焦点企业可能接受与处理限制创新和绩效的冗余信息和保守思想；与之相比，具有非冗余连接的稀疏合作网络提供更多样化和更及时的资源和信息，更有利于焦点企业（Burt，2004）。稀疏连接的网络增加了对信息、新做事方式和创新思想的开放性，这将为企业创造竞争优势，促进创新（McEvily and Zaheer，1999）。因此，合作网络中的高密度会降低企业为创新获取和利用多样化知识的能力。

相反，由于高灵活性和可见性，密集的竞争网络增加了焦点企业利用其来自合作网络的多样化信息的动力。俗话说，敌人的敌人是朋友。焦点企业的竞争对手之间的密集竞争可能会降低其所感受到的压力程度，因为其竞争对手必须相互监视和竞争。竞争网络中的高密度降低了焦点企业花费在竞争对手上的监控成本，并有助于焦点企业缓解来自竞争对手的压力，从而为其参与创新提供了更多的灵活性。此外，行动者之间的密集联系使企业的行为更加透明。因此，企业更容易监控其他企业的战略和技术发展（Skilton and Bernardes，2015）。因此，广泛的联系增加了企业利用可用资源参与对企业创新绩效至关重要的技术实施和创新活动的动力。综上所述，我们预计合作者之间稀疏的合作网络和竞争对手之间密集的竞争网络将增加焦点企业的创新收益。因此，我们提出假设9-2。

假设9-2：嵌入在稀疏的自我合作网络和密集的自我竞争网络中的企业更有可能拥有更高的创新绩效。

9.3 研究方法

9.3.1 样本选择和数据收集

我们的研究背景是中国的计算机和通信行业。我们从中国国家统计局开展的年度工业调查（AIS）中抽取了分析样本，该调查覆盖了计算机和通信行业中所有国有企业和"较大规模"的非国有企业（即年销售额超过62万美元的企业）。可获得的最新 AIS 数据时间为 2000 年至 2013 年。我们采用了中国国家统计局和中华人民共和国国家标准局给出的《国民经济行业分类标准》（GB/T 4754-2002），通信设备制造代码为 4011、4012、4013、4014、4019，电子计算机制造代码为 4041、4042、4043。

我们设定这一研究背景有三个原因。首先，计算机和通信行业是中国国民经济的主要支柱行业。根据《中国统计年鉴 2015》，计算机和通信行业的主营业务收入在所有行业中排名第一，总资产排名第四。其次，创新是计算机和通信行业的突出特征，2015 年该行业的研发人员数量、研发支出和专利申请数量均位居第一。近 20 年来，中国在该行业及其相关行业经历了快速增长。最后，这些行业内部存在许多企业间联系（Gulati et al., 2012）。这些行业的特点是合作与竞争日益激烈，从中我们可以获取和分析有关合作与竞争网络的数据。

我们采用多种方式清洗了数据样本。我们删除了部分没有关键信息的观测值，如连续多年未报告员工数量的企业。我们还排除了违反会计规则的企业，如总资产少于流动资产或总固定资产的企业。为确保准确性，我们进行了企业代码和名称的交叉映射，以验证这两个行业中的所有企业。经过这些筛选后，我们最终获得了 33 910 个观测值和 12 068 家企业。

为了检验我们的假设，我们考虑了两种类型的网络——竞争网络和合作网络——并使用来自多个来源的独特数据集。具体而言，我们使用产品和技术竞争网络来描述竞争网络，并使用联盟和技术合作网络来描述合作网络。我们遵循以往研究中的方法，假设竞争和合作关系持续三年（Paruchuri, 2010）。

第一,我们利用 AIS 数据集构建了企业之间的产品竞争网络,并根据相同的主要产品来识别企业之间的直接竞争关系。在 AIS 中,企业需要列出三种(至少一种)主要产品类型。为了减少描述偏差(即单复数、不同动词形式等),我们在使用这些数据之前,对所有主要产品文档进行了手动清理。最终分析的数据集包含了 15 948 条清晰且唯一的主要产品记录。在产品竞争网络中,一个节点代表一家企业,一条连线代表两家企业之间的产品竞争关系。我们通过衡量两家企业开展相同业务的程度来计算产品竞争程度。我们使用了如下等式:

$$Product\ competition = \frac{f_i f_j'}{\sqrt{(f_i f_i')(f_j f_j')}} \qquad (9-1)$$

其中,f_i 是一个多维向量,它包含了企业 i 在所有 m($m=1$,…,15 948)个主要产品类中主要产品分布;对于上市的主要产品,该值为 1,其他为 0。f_i' 表示该向量的转置。当企业 i 和 j 没有共同的主要产品时,该指数为 0;当企业 i 和 j 的主要产品相同时,该指数为 1。得分越高,表明企业之间的产品竞争越激烈。

第二,我们从 Innojoy 和 Patstat 数据库中提取了专利文档,以构建技术竞争网络。为了正确地将专利数据与专利持有人合并,我们使用了商务部提供的企业概况,进行了中文名称与英文名称的匹配,并手动将企业的中文名称翻译成英文名称。我们使用 Innojoy 通过企业的中文名称收集专利信息,而 Patstat 则用于英文名称。我们根据专利公开号将这两个数据库中的专利记录进行合并。最终,我们获得了 2000~2014 年的 299 601 条专利记录。专利信息包含丰富的书目信息,如国际专利分类(IPC)代码,这些代码可用于表示企业的主要技术组件和要素(Breschi et al.,2003)。IPC 采用复杂的层级系统,而 4 位 IPC 类别在先前的研究中被广泛使用,因为 4 位 IPC 子类可以充分展示专利的主要技术特征。经过清理,我们获得了 572 个技术要素。我们获取了每个企业的技术要素组合,并将其提取为向量,随后建立了企业之间的技术竞争网络。在技术竞争网络中,一个节点代表一个企业,一条连线代表两个企业之间的技术竞争关系。我们与以往研究保持一致,使用与式(9-1)中相同的指数来衡量企业之间的技术竞争程度。

第三,我们从 Thomson 路透社 SDC Platinum 中确定了这些企业的所有联盟组合。之后,我们整理了所有企业的联盟和合作历史,并构建了这些企业的联盟合作网络。在联盟合作网络中，一个节点代表一个企业，一条连线代表与联盟伙伴的合作关系。战略联系在资源承诺、义务、相互依赖性和解散难易程度方面可能存在很大差异。例如，研发联盟与并购存在很大不同。因此，我们根据关系强度对战略联系进行了区分（Nohria and Garcia-Pont，1991）。为了反映合作强度，我们根据先前研究中提出的评估强度的标准对每个联盟进行了编码（Gnyawali et al.，2006；Nohria and Garcia-Pont，1991）。我们采用了不同的分数来反映合作强度，为并购赋予9分的权重，为独立合资企业赋予8分的权重，依此类推。

第四，我们使用专利数据来确定企业之间的技术合作。我们通过科学工具构建了技术合作网络。在这些网络中，企业被表示为节点，共同发明被表示为连线。如果两家企业都列在某一专利的专利权人之中，则它们之间存在合作联系。技术合作强度通过共同申请专利的次数来衡量。

9.3.2 变量测量

1. 自变量

在本章中，我们使用象限法而非乘积项来探讨竞争与合作网络特征的联合效应。主要原因是，本章涉及多种类型的网络，涉及不同网络中的多种网络特征。我们使用产品和技术竞争来描述竞争网络，并使用联盟和技术合作来描绘合作网络。如果我们对产品竞争强度和技术竞争强度两个变量取平均值，由于这两个变量的含义不同，因此取平均值的结果将会产生偏差。如果我们在回归模型中构建竞争与合作网络特征之间的乘积项，则每个乘积项仅代表竞争与合作网络部分特征的相互作用。根据最近的研究（Park et al.，2014），可以合理假设，当产品或技术竞争中的任一者较高时，竞争强度就高。相反，当产品和技术竞争都较低时，竞争强度就低。基于上述原因并遵循先前文献中的方法（Paeleman and Vanacker，2015），我们使用象限法来简化问题，并将每个企业分类到四个象限中的一个。

我们使用以下步骤来构建四种不同的竞争和合作强度。

步骤1：我们测量了每年的两个竞争网络和两个合作网络的网络强度。关系强度——一个反映互动频率的概念（Levin and Cross，2004）——体现了在特定时期内焦点节点与其直接联系节点（如合作伙伴或竞争对手）之间二元关系的紧密程度。在本章中，我们将焦点节点的总关系强度相加，然后除以企业独特直接联系的数量，得到焦点节点的关系强度得分。以技术合作网络为例，如果企业 A 在特定时期内与企业 B 共同发明了三项专利，与企业 C 共同发明了四项专利，那么 A 与 B 的联系权重为三，与 C 的联系权重为四。因此，A 的直接关系强度的计算值为（3+4)/2=3.5。关系强度得分的计算方法如下：

$$tie\ strength = \frac{\sum_{k=1}^{n} \delta_{ki}}{n} \qquad (9-2)$$

式中，n 表示企业 i 的直接联系数，δ_{ki} 为分析年度连接 i 和 k 的关系强度。

步骤 2：四种类型网络（即产品竞争、技术竞争、联盟合作和技术合作网络）中的每家企业，强度得分高于中位数的联系被称为"强联系"，低于中位数的联系被称为"弱联系"。如果焦点企业在产品竞争网络和技术竞争网络中都有弱联系，我们将其视为弱竞争；否则，我们认为这种竞争是强竞争。同样，如果焦点企业在联盟合作和技术合作网络中都有弱联系，我们认为这是弱合作，否则就属于强合作。

步骤 3：对四个不同的象限进行重新编码，形成三个虚拟变量：关系强度Ⅰ、关系强度Ⅱ和关系强度Ⅳ。当企业被确定为强竞争和强合作（象限Ⅰ）时，关系强度Ⅰ等于 1，否则为零。当企业被识别为强竞争和弱合作（象限Ⅱ）时，关系强度Ⅱ等于 1，否则为零。当企业被认定为弱竞争和强合作（象限Ⅳ）时，关系强度Ⅳ等于 1，否则为零。当企业被认定为弱竞争和弱合作时，关系强度Ⅲ等于 1，否则为零。关系强度Ⅲ在回归中被省略，并作为其他类别进行比较的基线。

我们按照以下步骤计算了四种不同的竞争和合作网络密度。

步骤 1：我们测量了每个时期两个竞争网络和两个合作网络的网络密度。密度是一种广泛使用的网络特征度量，它表征了网络中企业之间重叠关系的程度。使用博尔加提（Borgatti, 2002）提出的方法，我们计算了 2003~2013 年一年期窗口内每个企业自我网络的网络密度。我们使用以下公式计算了四个网络内企业的网络密度：

$$network\ density = \frac{the\ actual\ number\ of\ ties}{the\ maximum\ number\ of\ ties} \qquad (9-3)$$

在式（9-3）中，实际连接数量是指在特定时期内焦点企业相邻节点之间的连接数量，分母定义为这些企业之间形成的最大可能连接数。以技术合作网络为例，如果企业 A 与企业 B、企业 C、企业 D 有共同发明专利，企业 B 也与企业 C 有共同发明专利，则企业 A 的连接企业 B、企业 C、企业 D 之间有 1 个实际连接，有 3 个最大可能连接。因此，企业 A 的技术合作网络密度计算得分为 1/3 = 0.33。密度体现网络之间的连通性程度。网络密度的最大值为 1，当自我网络的所有企业彼此直接相连时，就会出现这种情况。在合作网络中，高密度意味着"企业的两个朋友也是朋友"；在竞争网络中，高密度意味着"企业的两个敌人也是敌人"。

构建三个虚拟变量的步骤 2 和步骤 3 与上文一致。当企业被确定为密集竞争和密集合作时，网络密度Ⅰ等于 1，否则为零。当企业被认定为密集竞争和稀疏合作时，网络密度Ⅱ等于 1，否则为零。当企业被识别为稀疏竞争和稀疏合作时，网络密度Ⅲ等于 1，否则为零。当企业被识别为稀疏竞争和密集合作时，网络密度Ⅳ等于 1。网络密度Ⅲ在回归中被省略，并作为其他类别进行比较的基线。

2. 因变量

我们采取（每年的后一年新申请的）专利的数量作为因变量，因为其反映了该年企业新创造的成果，是创新绩效的一种体现。我们统计了样本企业在第 t + 1 年申请的专利数量。

3. 控制变量

为了控制企业异质性和遗漏的变量偏差，我们在模型中设置了一年滞后的被解释变量（即专利存量）。由于先前的研究认为企业年龄可能对企业的创新绩效有影响，我们将企业年龄作为控制变量。此外，本研究将企业规模作为控制变量，分别通过焦点企业第 t 年的总资产和员工总数进行衡量。产品竞争对手数量是指拥有相同主营业务的企业数量；技术竞争对手数量是指在第 t 年与重点企业具有相同技术分类的企业数量。

9.3.3 模型和方法

因变量（即创新绩效）是一个非负计数变量，因此，泊松回归或 NB 回归模型是合适的。由于因变量表现出过度分散（均值 = 20.253，标准差 = 497.687）的情形，因此，在此背景下，NB 模型是首选，因为该模型在文献中广泛用于处理过度分散的数据。豪斯曼的检验报告结果显著，因此，采用估计固定效应的模型。

9.4 分析和结果

我们进行了两种分析来检验多重共线性。首先，我们计算变量的方差膨胀因子（VIF），发现所有 VIF 值都低于 5，远低于可接受的阈值。其次，我们逐一删除解释变量，并检查关键解释变量是否发生了显著变化。测试显示，我们的解释变量的统计显著性水平和系数的符号不受删除的影响，因此，多重共线性不是一个问题。

NB 模型的结果被用来检验竞争和合作网络是否对企业的创新绩效产生影响，结果见表 9-1。模型 1 报告了基础模型，其中只包括控制变量。在模型 2 和模型 3 中，我们引入了几个虚拟变量，代表不同的竞争和合作网络，以评估这些变量对企业创新绩效的潜在影响。模型 4 是完整的模型。我们预测弱竞争和强合作会提高创新绩效（见假设 9-1）。如表 9-1 的模型 2 所示，相对于具有同时的弱竞争和强合作强度的企业，弱竞争和强合作的企业具有更高的新产品绩效（$\beta = 0.598$，$p < 0.01$）；相对于具有同时弱竞争和合作强度的企业，具有同时强竞争和合作强度的企业表现出更高的新产品绩效（$\beta = 0.586$，$p < 0.01$）。相对于弱竞争弱合作的企业，强竞争弱合作的企业表现出更高的创新绩效（$\beta = 0.299$，$p < 0.01$）。因此，假设 9-1 得到了强有力的支持。

表 9-1　　　　　　　　　回归结果

变量	模型 1	模型 2	模型 3	模型 4
关系强度 I		0.586** (0.069)		0.555** (0.073)
关系强度 II		0.299** (0.049)		0.212** (0.052)
关系强度 IV		0.598** (0.191)		0.671** (0.192)
网络密度 I			0.287** (0.097)	0.0331 (0.101)

续表

变量	模型1	模型2	模型3	模型4
网络密度Ⅱ			0.330** (0.050)	0.242** (0.053)
网络密度Ⅳ			−0.492 (0.470)	−0.937* (0.475)
控制变量	是	是	是	是
常数	−1.745	−1.899	−2.055	−2.079**
对数似然值	−13 495.1	−13 456.1	−13 470.44	−1 348.88
Wald卡方值	1116.89	1158.05	1115.38	1159.54

注：* 表示 $p<0.05$；** 表示 $p<0.01$。

在假设9-2中，我们预测嵌入在密集的竞争网络和稀疏的自我合作网络中的企业在创新方面表现更佳。如表9-1中的模型3所示，与处于同时稀疏竞争和合作自我中心网络中的企业相比，嵌入在密集竞争和稀疏合作自我中心网络中的企业表现出更高的专利绩效（$\beta=0.330$，$p<0.01$）。与处于同时稀疏竞争和合作自我中心网络中的企业相比，嵌入在同时密集竞争和合作自我中心网络中的企业表现出更高的专利绩效（$\beta=0.287$，$p<0.01$）。与处于同时稀疏竞争和合作自我中心网络中的企业相比，嵌入在稀疏竞争和密集合作的自我中心网络中的企业表现出较低的专利绩效（$\beta=-0.492$，$p>0.1$）。这些结果为假设9-2提供了有力且充分的证据。假设9-1和假设9-2在完整模型4中也得到了支持。

9.5　结论和讨论

在企业需要发展新质生产力的背景下，本章为竞争网络、合作网络和企业创新绩效之间的关系提供了新的视角。研究结果表明，竞争较弱且合作较强或嵌入在密集竞争和稀疏合作自我网络中的企业表现出更高的创新绩效。

本章为连接合作与竞争网络两者及创新绩效提供了一个总体框架。本章研究对多重网络和创新绩效领域的研究有推动作用。本章的理论贡献为：提出了竞争网络的定义，认识到合作网络和竞争网络对创新绩效具有联合效应。

首先，我们强调了企业创新网络在合作和竞争网络方面的多样性。先前的研究已经强调了企业间网络（如合作、知识和竞争网络）的重要性（Skilton and Bernardes, 2015），研究人员也承认了一个企业同时进行合作和竞争过程的复杂性（Oliver, 2004）。我们发现，一个企业在合作网络中的嵌入性并不等同于在竞争网络中的嵌入性，这与最近的研究相呼应。企业的合作和竞争关系是独立的，而不仅仅是相反的。如果不考虑合作和竞争网络的联合效应，就无法恰当地捕捉到合作或竞争网络的"真实效应"以及它们之间的关系。

其次，我们注意到了多种类型的创新网络，这也符合相关研究（Wang et al., 2014）的呼吁，即需要多种类型的网络嵌入性来解释与创新绩效相关的现象。一个企业通常嵌入在多种类型的创新网络中，包括产品和技术竞争网络以及联盟和技术合作网络，仅分析一种类型的网络而忽视其他类型会导致对创新活动的片面解读，并产出不恰当的结论。我们的实证证据发展了我们对多种类型创新网络的理解。绘制出企业创新活动的完整图景可以扩展对创新网络在企业创新绩效中作用的理解。

最后，本章表明，企业网络产生的真正创新利益不仅仅取决于其合作网络。企业间网络的结构决定了企业与其他企业的联系所带来的利益。例如，企业管理者可以调整竞争网络的特征，以最大化形成合作联系（如技术或战略）的利益。此外，管理者还可以利用竞争联系作为改变创新路径与机制。在竞争和合作网络的联合效应下，企业可以提升创新效益，促进竞争力的提升和可持续的发展，从而有效发展新质生产力。

上述分析和发现为未来的研究开辟了道路。首先，本章虽然为合作和竞争网络的联合效应提出了分析框架和理论论证，但是将研究限制在了一个特定的行业背景（即计算机和通信行业的中国企业）中。由于这些结果并不能为其他行业的普遍性提供强有力的证明，因此需要更多的工作和数据来扩展方法论和结果的范围。本章使用的是 2000 年至 2013 年的数据，此后的计算机和通信行业的竞争与合作模式已经发生了显著变化，因此应使用更近期的数据集来再次检验这些假设。其次，在将专利作为创新绩效的衡量标准时，我们没有考虑不同的专利战略（尤其是产品生命周期较短时，并非所有企业都会遵循严格的专利战略）。未来的研究可以追求一种改进颗粒度的创新绩效衡量方法，该方法应考虑战略维度。企业的创新绩效是一个多维度的概念，已经通过许多不同的方法进行了测量和概念化（Zaheer and Bell，2005）。此外，在衡量创新绩效时，技术和联盟合作网络仅捕获了相关关系的一个部分。一个可能的拓展方向是补充合作数据，使用各种合作联系的多源数据，如项目的合作和科学手稿的合作。

参 考 文 献

[1] 陈伟, 彭程, 杨柏. 跨企业知识共享, 知识泄露与创新绩效: 基于供应链视角的实证研究 [J]. 技术经济, 2016 (6): 1-7.

[2] 陈伟, 张永超, 马一博, 张勇军. 区域装备制造业产学研创新网络的实证研究: 基于网络结构和网络聚类的视角 [J]. 科学学研究, 2012 (4): 600-607.

[3] 陈子凤, 官建成. 合作网络的小世界性对创新绩效的影响 [J]. 中国管理科学, 2009a (3): 115-120.

[4] 陈子凤, 官建成. 我国制造业技术创新扩散模式的演化 [J]. 中国软科学, 2009b (2): 20-27.

[5] 黄玮强, 庄新田, 姚爽. 基于动态知识互补的企业集群创新网络演化研究 [J]. 科学学研究, 2011 (10): 1557-1567.

[6] 解学梅, 左蕾蕾. 企业协同创新网络特征与创新绩效: 基于知识吸收能力的中介效应研究 [J]. 南开管理评论, 2013 (3): 47-56.

[7] 李德辉, 范黎波, 杨震宁. 企业网络嵌入可以高枕无忧吗: 基于中国上市制造企业的考察 [J]. 南开管理评论, 2017 (1): 67-82.

[8] 李东红. 企业联盟研发: 风险与防范 [J]. 中国软科学, 2002 (10): 47-50.

[9] 李雪松, 党琳, 赵宸宇. 数字化转型、融入全球创新网络与创新绩效 [J]. 中国工业经济, 2002 (10): 43-61.

[10] 刘衡, 王龙伟, 李垣. 竞合理论研究前沿探析 [J]. 外国经济与管理, 2009 (9): 1-8.

[11] 刘娜. 纳米能源的复杂创新网络研究 [M]. 北京: 经济科学出版社, 2017.

[12] 马亚男, 姜文. 联盟组织间知识泄露风险控制方案选择研究 [J]. 科学学与科学技术管理, 2007 (5): 92-96.

[13] 潘松挺, 郑亚莉. 网络关系强度与企业技术创新绩效: 基于探索式学习和利用式学习的实证研究 [J]. 科学学研究, 2011 (11): 1736-1743.

[14] 钱锡红, 杨永福, 徐万里. 企业网络位置, 吸收能力与创新绩效: 一个交互效应模型 [J]. 管理世界, 2010 (5): 118-129.

[15] 钱燕云, 李静, 刘娟, 温洪波. 企业技术创新合作的网络特征实证研究 [J]. 科技管理研究, 2008 (8): 3-5.

[16] 任胜钢, 宋迎春, 王龙伟, 曹裕. 基于企业内外部网络视角的创新绩效多因素影响模型与实证研究 [J]. 中国工业经济, 2010 (4): 100-109.

[17] 孙耀吾, 卫英平. 高技术企业联盟知识扩散研究: 基于小世界网络的视角 [J].

管理科学学报, 2011 (12): 17-26.

[18] 谭玲玲. 基于"物-事-人"方法论的供应链企业知识泄露风险管理研究 [D]. 西安: 长安大学, 2019.

[19] 汪忠, 黄瑞华. 合作创新的知识产权风险与防范研究 [J]. 科学学研究, 2005 (3): 419-424.

[20] 王大洲. 企业创新网络的进化与治理: 一个文献综述 [J]. 科研管理, 2001 (5): 96-103.

[21] 王贵平, 余谦. 企业自我中心网络的创新效应与最优结构特征 [J]. 技术经济, 2019 (7): 21-28.

[22] 王晓娟. 知识网络与集群企业创新绩效: 浙江黄岩模具产业集群的实证研究 [J]. 科学学研究, 2008 (4): 874-879.

[23] 邬爱其. 企业创新网络构建与演进的影响因素实证分析 [J]. 科学学研究, 2006 (1): 141-149.

[24] 吴贵生, 李纪珍, 孙议政. 技术创新网络和技术外包 [J]. 科研管理, 2000 (4): 33-43.

[25] 谢洪明, 刘少川. 产业集群, 网络关系与企业竞争力的关系研究 [J]. 管理工程学报, 2007 (2): 15-18.

[26] 许庆瑞, 蒋键. 各创新要素全面协同程度与企业特质的关系实证研究 [J]. 研究与发展管理, 2005 (3): 16-21.

[27] 杨博旭, 王玉荣, 李兴光. "厚此薄彼"还是"雨露均沾": 组织如何有效利用网络嵌入资源提高创新绩效 [J]. 南开管理评论, 2019 (3): 201-213.

[28] 杨薇, 江旭. 战略联盟中的知识获取与知识泄露: 基于竞合视角的研究 [J]. 研究与发展管理, 2016 (3): 1-11.

[29] 应瑛, 刘洋, 魏江. 开放式创新网络中的价值独占机制: 打开"开放性"和"与狼共舞"悖论 [J]. 管理世界, 2018 (2): 144-160.

[30] 张宝建, 胡海青, 张道宏. 企业创新网络的生成与进化: 基于社会网络理论的视角 [J]. 中国工业经济, 2011 (4): 117-126.

[31] 张红娟, 谭劲松. 联盟网络与企业创新绩效: 跨层次分析 [J]. 管理世界, 2014 (3): 163-169.

[32] 张鹏程, 彭菡. 科研合作网络特征与团队知识创造关系研究 [J]. 科研管理, 2011 (7): 104-112.

[33] 张晓月, 雷楠楠. 专利合作网络与企业不连续创新绩效: 基于医药制造业的实证分析 [J]. 科技管理研究, 2023 (1): 125-131.

[34] 张永安, 李晨光. 创新网络结构对创新资源利用率的影响研究 [J]. 科学学与科学技术管理, 2010 (1): 81-89.

[35] 张永云, 刘杜娟. 外部研发合作对企业创新绩效的影响: 基于知识网络视角 [J]. 华东经济管理, 2023 (4): 110-119.

[36] 赵蓉英. 知识网络研究（Ⅱ）：知识网络的概念、内涵和特征［J］. 情报学报, 2007（3）：470-476.

[37] 赵亚楠, 谢永平. 核心企业知识溢出对创新网络成员新质生产力的影响［J］. 科技进步与对策, 2025（1）：1-9.

[38] 赵炎, 郑向杰. 网络嵌入性与地域根植性对联盟企业创新绩效的影响：对中国高科技上市公司的实证分析［J］. 科研管理, 2013（11）：9-17.

[39] 周建亨, 蒋碧云. 水平竞争条件下的供应链信息泄露策略［J］. 中国管理科学, 2017（11）：81-93.

[40] 朱晋伟, 原梦. 发明人网络特征、知识重组能力与企业技术创新绩效关系研究［J］. 科技进步与对策, 2023（21）：129-139.

[41] 朱亚丽, 徐青, 吴旭辉. 网络密度对企业间知识转移效果的影响：以转移双方企业转移意愿为中介变量的实证研究［J］. 科学学研究, 2011（3）：427-431.

[42] Aalbers, H. L. and W. Dolfsma (2019). Resilience of information flow during restructuring: Characterizing information value being exchanged and the structure of a network under turmoil［J］. Journal of Business Research, 100: 299-310.

[43] Abbasi, A. and A. Jaafari (2013). Research impact and scholars' geographical diversity［J］. Journal of Informetrics, 7 (3): 683-692.

[44] Abbasi, A., J. Altmann, and L. Hossain (2011). Identifying the effects of co-authorship networks on the performance of scholars: A correlation and regression analysis of performance measures and social network analysis measures［J］. Journal of Informetrics, 5 (4): 594-607.

[45] Abbasi, A., L. Hossain, S. Uddin and K. J. Rasmussen (2011). Evolutionary dynamics of scientific collaboration networks: Multi-levels and cross-time analysis［J］. Scientometrics, 89 (2): 687-710.

[46] Agarwal, R., M. Ganco and R. H. Ziedonis (2009). Reputations for toughness in patent enforcement: Implications for knowledge spillovers via inventor mobility［J］. Strategic Management Journal, 30 (13): 1349-1374.

[47] Agarwal, R., R. Echambadi, A. M. Franco and M. B. Sarkar (2004). Knowledge transfer through inheritance: Spin-out generation, development, and survival［J］. Academy of Management Journal, 47 (4): 501-522.

[48] Ahuja, M. K., D. F. Galletta and K. M. Carley (2003). Individual centrality and performance in virtual R&D groups: An empirical study［J］. Management Science, 49 (1): 21-38.

[49] Ahuja, G. (2000a). The duality of collaboration: Inducements and opportunities in the formation of interfirm linkages［J］. Strategic Management Journal, 21 (3): 317-343.

[50] Ahuja, G. (2000b). Collaboration networks, structural holes, and innovation: A longitudinal study［J］. Administrative Science Quarterly, 45 (3): 425-455.

[51] Ahuja, G., G. Soda and A. Zaheer (2012). The genesis and dynamics of organizational networks [J]. Organization Science, 23 (2): 434-448.

[52] Aktamov, S. and Y. Zhao (2014). Impact of network centrality positions on innovation performance of the firm: Evidence from China automobile industry [J]. Business Management and Strategy, 5 (1): 164.

[53] Albert, R., H. Jeong and A. L. Barabási (2000). Error and attack tolerance of complex networks [J]. Nature, 406: 378-382.

[54] Alcácer, J. and M. Zhao (2012). Local R&D strategies and multilocation firms: The role of internal linkages [J]. Management Science, 58 (4): 734-753.

[55] Anderson, C. and S. Brion (2014). Perspectives on power in organizations [J]. Annual Review of Organizational Psychology and Organizational Behavior, 1 (1): 67-97.

[56] Andersson, U., M. Forsgren and U. Holm (2002). The strategic impact of external networks: Subsidiary performance and competence development in the multinational corporation [J]. Strategic Management Journal, 23 (11): 979-996.

[57] Andrade, R., G. Mariana and A. Kathuria (2017). Networks bequeath networks: How collaboration networks drive the evolution of competition networks [OL]. Available at SSRN 3054316.

[58] Backmann, J., M. Hoegl and K. P. Parboteeah (2016). Cross-level effects of buyer-supplier collaboration and competition on individual gains and individual skill utilization [J]. Journal of Engineering and Technology Management, 41: 14-25.

[59] Baldwin, C. Y. and J. Henkel (2015). Modularity and intellectual property protection [J]. Strategic Management Journal, 36 (11): 1637-1655.

[60] Barnes, J. A. (1969). Graph theory and social networks: A technical comment on connectedness and connectivity [J]. Sociology, 3 (2): 215-232.

[61] Barney, J. B. (1986). Strategic factor markets: Expectations, luck, and business strategy [J]. Management Science, 32 (10): 1231-1241.

[62] Batista, P. D., M. G. Campiteli, and O. Kinouchi (2006). Is it possible to compare researchers with different scientific interests? [J]. Scientometrics, 68 (1): 179-189.

[63] Baum, J. A. and B. S. Silverman (2004). Picking winners or building them? Alliance, intellectual, and human capital as selection criteria in venture financing and performance of biotechnology startups [J]. Journal of Business Venturing, 19 (3): 411-436.

[64] Baum, J. A. and C. Oliver. (1991). Institutional linkages and organizational mortality [J]. Administrative Science Quarterly, 36 (2): 187-218.

[65] Baum, J. A. and P. Ingram (2002). The economics of choice, change, and organization: Essays in memory of Richard M. Cyert [M]. Edward Elgar.

[66] Baum, J. A., T. Calabrese, and B. S. Silverman (2000). Don't go it alone: Alliance network composition and startups' performance in Canadian biotechnology [J].

Strategic Management Journal, 21 (3): 267 - 294.

[67] Belderbos, R. , B. Leten, and S. Suzuki (2013). How global is R&D? Firm-level determinants of home-country bias in R&D [J]. Journal of International Business Studies, 44: 765 - 786.

[68] Bell, A. and K. Jones (2015). Explaining fixed effects: Random effects modeling of time-series cross-sectional and panel data [J]. Political Science Research and Methods, 3 (1): 133 - 153.

[69] Bensman, S. J. (2008). Distributional differences of the impact factor in the sciences versus the social sciences: An analysis of the probabilistic structure of the 2005 journal citation reports [J]. Journal of the American Society for Information Science and Technology, 59: 1366 - 1382.

[70] Berry, H. (2020). Internationalizing firm innovations: The influence of multimarket overlap in knowledge activities [J]. Journal of International Business Studies, 51 (6): 963 - 985.

[71] Bezrukova, K. , K. A. Jehn, E. L. Zanutto, and S. M. Thatcher (2009). Do workgroup faultlines help or hurt? A moderated model of faultlines, team identification, and group performance [J]. Organization Science, 20 (1): 35 - 50.

[72] Bjarnason, T. , I. D. Sigfusdottir (2002). Nordic impact: Article productivity and citation patterns in sixteen Nordic Sociology departments [J]. Acta Sociologica, 45 (4): 253 - 267.

[73] Black, L. J. , P. R. Carlile, and N. P. Repenning (2004). A dynamic theory of expertise and occupational boundaries in new technology implementation: Building on Barley's study of CT scanning [J]. Administrative Science Quarterly, 49 (4): 572 - 607.

[74] Bonner, J. M. and O. C. Walker (2004). Selecting influential business-to-business customers in new product development: Relational embeddedness and knowledge heterogeneity considerations [J]. Journal of Product Innovation Management, 21 (3): 155 - 169.

[75] Bonner, J. M. , D. Kim, and S. T. Cavusgil (2005). Self-perceived strategic network identity and its effects on market performance in alliance relationships [J]. Journal of Business Research, 58 (10): 1371 - 1380.

[76] Borgatti, S. P. (2002). A statistical method for comparing aggregate data across a priori groups [J]. Field Methods, 14 (1): 88 - 107.

[77] Borgatti, S. P. (2002). Ucinet for Windows: Software for social network analysis [M]. Analytic Technologies.

[78] Borgatti, S. P. (2009). 2-Mode concepts in social network analysis [J]. Encyclopedia of Complexity and System Science, 6: 8279 - 8291.

[79] Borgatti, S. P. and Halgin, D. S. (2011). On network theory [J]. Organization science, 22 (5): 1168 - 1181.

[80] Börner, K. , C. Chen, and K. W. Boyack (2003). Visualizing knowledge domains [J].

Annual Review of Information Science and Technology, 37 (1): 179-255.

[81] Bornmann, L. and H. D. Daniel (2008). What do citation counts measure? A review of studies on citing behavior [J]. Journal of Documentation, 64 (1): 45-80.

[82] Boschma, R., G. Heimeriks, and P. A. Balland (2014). Scientific knowledge dynamics and relatedness in biotech cities [J]. Research Policy, 43 (1): 107-114.

[83] Bouncken, R. B. and S. Kraus (2013). Innovation in knowledge-intensive industries: The double-edged sword of coopetition [J]. Journal of Business Research, 66 (10): 2060-2070.

[84] Bouncken, R. B., J. Gast, S. Kraus, and M. Bogers (2015). Coopetition: A systematic review, synthesis, and future research directions [J]. Review of Managerial Science, 9: 577-601.

[85] Bouncken, R. B., V. Fredrich, and S. Kraus (2020). Configurations of firm-level value capture in coopetition [J]. Long Range Planning, 53 (1): 101869.

[86] Bouncken, R. B., V. Fredrich, P. Ritala, and S. Kraus (2018). Coopetition in new product development alliances: Advantages and tensions for incremental and radical innovation [J]. British Journal of Management, 29 (3): 391-410.

[87] Bouty, I. (2000). Interpersonal and interaction influences on informal resource exchanges between R&D researchers across organizational boundaries [J]. Academy of Management Journal, 43 (1): 50-65.

[88] Brennecke, J. (2020). Dissonant ties in intraorganizational networks: Why individuals seek problem-solving assistance from difficult colleagues [J]. Academy of Management Journal, 63 (3): 743-778.

[89] Breschi, S. and C. Lenzi (2015). The role of external relations and gatekeepers for the expansion and renewal of US cities' knowledge base, 1990-2004 [J]. Regional Studies, 49 (5): 782-797.

[90] Breschi, S., F. Lissoni and F. Malerba (2003). Knowledge-relatedness in firm technological diversification [J]. Research Policy, 32 (1): 69-87.

[91] Briscoe, F. and W. Tsai (2011). Overcoming relational inertia: How organizational members respond to acquisition events in a law firm [J]. Administrative Science Quarterly, 56 (3): 408-440.

[92] Bruyaka, O., D. Philippe and X. Castañer (2018). Run away or stick together? The impact of organization-specific adverse events on alliance partner defection [J]. Academy of Management Review, 43 (3): 445-469.

[93] Bunderson, J. S., G. S. Van DerVegt, Y. Cantimur and F. Rink (2016). Different views of hierarchy and why they matter: Hierarchy as inequality or as cascading influence [J]. Academy of Management Journal, 59 (4): 1265-1289.

[94] Burt, R. S. (1992). Structural holes: The social structure of competition [M].

Harvard University Press.

［95］Burt, R. S. (1997). The contingent value of social capital［J］. Administrative Science Quarterly, 42 (2): 339 – 365.

［96］Burt, R. S. (2001). Bandwidth and echo: Trust, information, and gossip in social networks［J］. Networks and Markets, 30: 37 – 38.

［97］Burt, R. S. (2004). Structural holes and good ideas［J］. American Journal of Sociology, 110 (2): 349 – 399.

［98］Burt, R. S. (2005). Brokerage and closure: An introduction to social capital［M］. Oxford University Press.

［99］Burt, R. S. (2007). Secondhand brokerage: Evidence on the importance of local structure for managers, bankers, and analysts［J］. Academy of Management Journal, 50 (1): 119 – 148.

［100］Campi, M., M. Dueñas, M. Barigozzi and G. Fagiolo (2019). Intellectual property rights, imitation, and development. The effect on cross-border mergers and acquisitions［J］. The Journal of International Trade & Economic Development, 28 (2): 230 – 256.

［101］Caner, T., O. Bruyaka and J. E. Prescott (2018). Flow signals: Evidence from patent and alliance portfolios in the US biopharmaceutical industry［J］. Journal of Management Studies, 55 (2): 232 – 264.

［102］Cannella Jr, A. A. and M. A. McFadyen (2016). Changing the exchange: The dynamics of knowledge worker ego networks［J］. Journal of Management, 42 (4): 1005 – 1029.

［103］Carayannis, E. G., J. Alexander and A. Ioannidis (2000). Leveraging knowledge, learning, and innovation in forming strategic government-university-industry (GUI) R&D partnerships in the US, Germany, and France［J］. Technovation, 20 (9): 477 – 488.

［104］Casciaro, T. and M. S. Lobo (2008). When competence is irrelevant: The role of interpersonal affect in task-related ties［J］. Administrative Science Quarterly, 53 (4): 655 – 684.

［105］Cassiman, B., M. C. Di Guardo and G. Valentini (2009). Organising R&D projects to profit from innovation: Insights from co-opetition［J］. Long Range Planning, 42 (2): 216 – 233.

［106］Centola, D. and M. Macy (2007). Complex contagions and the weakness of long ties［J］. American Journal of Sociology, 113 (3): 702 – 734.

［107］Certo, S. T., C. M. Daily and D. R. Dalton (2001). Signaling firm value through board structure: An investigation of initial public offerings［J］. Entrepreneurship Theory and Practice, 26 (2): 33 – 50.

［108］Chandler, D., P. R. Haunschild, M. Rhee and C. M. Beckman (2013). The effects of firm reputation and status on interorganizational network structure［J］. Strategic Organization, 11 (3): 217 – 244.

［109］Chen, C. (2006). CiteSpace II: Detecting and visualizing emerging trends and transient patterns in scientific literature [J]. Journal of the American Society for Information Science and Technology, 57 (3): 359-377.

[110] Chen, L., Y. Li and D. Fan (2018). How do emerging multinationals configure political connections across institutional contexts? [J]. Global Strategy Journal, 8 (3): 447-470.

[111] Chen, M. J. (1996). Competitor analysis and interfirm rivalry: Toward a theoretical integration [J]. Academy of Management Review, 21 (1): 100-134.

[112] Cho, H., G. Gay, B. Davidson and A. Ingraffea (2007). Social networks, communication styles, and learning performance in a CSCL community [J]. Computers & Education, 49 (2): 309-329.

[113] Christopherson, S. and J. Clark (2007). Power in firm networks: What it means for regional innovation systems [J]. Regional Studies, 41 (9): 1223-1236.

[114] Chung, S., H. Singh and K. Lee (2000). Complementarity, status similarity and social capital as drivers of alliance formation [J]. Strategic Management Journal, 21 (1): 1-22.

[115] Chung, Y., Y. Li and J. Jia (2021). Exploring embeddedness, centrality, and social influence on backer behavior: The role of backer networks in crowdfunding [J]. Journal of the Academy of Marketing Science, 49: 925-946.

[116] Cohen, W. M. and D. A. Levinthal (1990). Absorptive capacity: A new perspective on learning and innovation [J]. Administrative science quarterly, 35 (1): 128-152.

[117] Colbert, B. A. (2004). The complex resource-based view: Implications for theory and practice in strategic human resource management [J]. Academy of Management Review, 29 (3): 341-358.

[118] Coleman, J. S. (1988). Social capital in the creation of human capital [J]. American Journal of Sociology, 94: S95-S120.

[119] Coleman, J. S. (1990). Foundations of Social Theory [M]. HeinOnline.

[120] Cooke, P., N. Clifton and M. Oleaga (2005). Social capital, firm embeddedness and regional development [J]. Regional Studies, 39 (8): 1065-1077.

[121] Cowan, R. and N. Jonard (2009). Knowledge portfolios and the organization of innovation networks [J]. Academy of Management Review, 34 (2): 320-342.

[122] Cowan, R., N. Jonard and M. Özman (2004). Knowledge dynamics in a network industry [J]. Technological Forecasting and Social Change, 71 (5): 469-484.

[123] Cox Pahnke, E., R. McDonald, D. Wang and B. Hallen (2015). Exposed: Venture capital, competitor ties, and entrepreneurial innovation [J]. Academy of Management Journal, 58 (5): 1334-1360.

[124] Cross, R., A. Parker and L. Sasson (2003). Networks in the Knowledge Economy [M]. Oxford University Press.

[125] Cross, R. and L. Sproull (2004). More than an answer: Information relationships for

actionable knowledge [J]. Organization Science, 15 (4): 446 – 462.

[126] Currie, G. , J. Waring and R. Finn (2008). The limits of knowledge management for UK public services modernization: The case of patient safety and service quality [J]. Public Administration, 86 (2): 363 – 385.

[127] Dahlander, L. and D. A. McFarland (2013). Ties that last: Tie formation and persistence in research collaborations over time [J]. Administrative Science Quarterly, 58 (1): 69 – 110.

[128] Dal Zotto, C. (2003). Absorptive capacity and knowledge transfer between venture capital firms and their portfolio companies [C]. DRUID conference on Creating, Sharing, and Transferring Knowledge.

[129] Das, T. K. and B. S. Teng (1998). Between trust and control: Developing confidence in partner cooperation in alliances [J]. Academy of Management Review, 23 (3): 491 – 512.

[130] Das, T. K. and B. S. Teng (2001). Relational risk and its personal correlates in strategic alliances [J]. Journal of Business and Psychology, 15: 449 – 465.

[131] Das, T. K. and B. S. Teng (2001). Trust, control, and risk in strategic alliances: An integrated framework [J]. Organization Studies, 22 (2): 251 – 283.

[132] Davis, G. F. , M. Yoo, and W. E. Baker (2003). The small world of the American corporate elite, 1982 – 2001 [J]. Strategic Organization, 1 (3): 301 – 326.

[133] De Carolis, D. M. (2003). Competencies and imitability in the pharmaceutical industry: An analysis of their relationship with firm performance [J]. Journal of Management, 29 (1): 27 – 50.

[134] Devarakonda, S. V. and J. J. Reuer (2018). Knowledge sharing and safeguarding in R&D collaborations: The role of steering committees in biotechnology alliances [J]. Strategic Management Journal, 39 (7): 1912 – 1934.

[135] Didegah, F. and M. Thelwall (2013). Which factors help authors produce the highest impact research? Collaboration, journal and document properties [J]. Journal of Informetrics, 7 (4): 861 – 873.

[136] Du, J. and C. Williams (2017). Innovative projects between MNE subsidiaries and local partners in China: Exploring locations and inter-organizational trust [J]. Journal of International Management, 23 (1): 16 – 31.

[137] Dushnitsky, G. and J. M. Shaver (2009). Limitations to interorganizational knowledge acquisition: The paradox of corporate venture capital [J]. Strategic Management Journal, 30 (10): 1045 – 1064.

[138] Dyer, J. H. , H. Singh, and W. S. Hesterly (2018). The relational view revisited: A dynamic perspective on value creation and value capture [J]. Strategic Management Journal, 39 (12): 3140 – 3162.

[139] Ebadi, Y. M. and J. M. Utterback (1984). The effects of communication on

technological innovation [J]. Management Science, 30 (5): 572 – 585.

[140] Echols, A. and Tsai, W. (2005). Niche and performance: the moderating role of network embeddedness [J]. Strategic Management Journal, 26 (3): 219 – 238.

[141] Egginton, J. F. and W. R. McCumber (2019). Executive network centrality and stock liquidity [J]. Financial Management, 48 (3): 849 – 871.

[142] Eisenhardt, K. M. and J. A. Martin (2000). Dynamic capabilities: What are they? [J]. Strategic Management Journal, 21 (10 – 11): 1105 – 1121.

[143] Ellis, P. D. (2011). Social ties and international entrepreneurship: Opportunities and constraints affecting firm internationalization [J]. Journal of International Business Studies, 42: 99 – 127.

[144] Enberg, C. (2012). Enabling knowledge integration in coopetitive R&D projects—The management of conflicting logics [J]. International Journal of Project Management, 30 (7): 771 – 780.

[145] Encaoua, D., D. Guellec and C. Martínez (2006). Patent systems for encouraging innovation: Lessons from economic analysis [J]. Research Policy, 35 (9): 1423 – 1440.

[146] Estrada, I., D. Faems and P. de Faria (2016). Coopetition and product innovation performance: The role of internal knowledge sharing mechanisms and formal knowledge protection mechanisms [J]. Industrial Marketing Management, 53: 56 – 65.

[147] Fawad Sharif, S. M., N. Yang, A. U. Rehman, F. Kanwal and F. WangDu (2021). Protecting organizational competitiveness from the hazards of knowledge leakage through HRM [J]. Management Decision, 59 (10): 2405 – 2420.

[148] Fernandez, A. S. and P. Chiambaretto (2016). Managing tensions related to information in coopetition [J]. Industrial Marketing Management, 53: 66 – 76.

[149] Fernandez, A. S., F. Le Roy and P. Chiambaretto (2018). Implementing the right project structure to achieve coopetitive innovation projects [J]. Long Range Planning, 51 (2): 384 – 405.

[150] Fieller, E. C. (1954). Some problems in interval estimation [J]. Journal of the Royal Statistical Society Series B: Statistical Methodology, 16 (2): 175 – 185.

[151] Fischbach, K., P. A. Gloor and D. Schoder (2009). Analysis of informal communication networks-A case study [J]. Business & Information Systems Engineering, 1: 140 – 149.

[152] Fleming, L. (2001). Recombinant uncertainty in technological search [J]. Management Science, 47 (1): 117 – 132.

[153] Fleming, L., C. King III and A. I. Juda (2007). Small worlds and regional innovation [J]. Organization Science, 18 (6): 938 – 954.

[154] Fleming, L., S. Mingo and D. Chen (2007). Collaborative brokerage, generative creativity, and creative success [J]. Administrative Science Quarterly, 52 (3): 443 – 475.

[155] Freeman, C. (1991). Networks of innovators: A synthesis of research issues [J].

Research Policy, 20 (5): 499 – 514.

[156] Freeman, L. C. (1978). Centrality in social networks conceptual clarification [J]. Social Networks, 1 (3): 215 – 239.

[157] Frishammar, J., K. Ericsson and P. C. Patel (2015). The dark side of knowledge transfer: Exploring knowledge leakage in joint R&D projects [J]. Technovation, 41: 75 – 88.

[158] Gargiulo, M. and M. Benassi (2000). Trapped in your own net? Network cohesion, structural holes, and the adaptation of social capital [J]. Organization Science, 11 (2): 183 – 196.

[159] Gargiulo, M., G. Ertug and C. Galunic (2009). The two faces of control: Network closure and individual performance among knowledge workers [J]. Administrative Science Quarterly, 54 (2): 299 – 333.

[160] Gilsing, V., B. Nooteboom, W. Vanhaverbeke, G. Duysters and A. Van Den Oord (2008). Network embeddedness and the exploration of novel technologies: Technological distance, betweenness centrality and density [J]. Research Policy, 37 (10): 1717 – 1731.

[161] Ginarte, J. C. and W. G. Park (1997). Determinants of patent rights: A cross-national study [J]. Research policy, 26 (3): 283 – 301.

[162] Gittelman, M. (2007). Does geography matter for science-based firms? Epistemic communities and the geography of research and patenting in biotechnology [J]. Organization Science, 18 (4): 724 – 741.

[163] Gnyawali, D. R. and B. J. Park (2009). Co-opetition and technological innovation in small and medium-sized enterprises: A multilevel conceptual model [J]. Journal of Small Business Management, 47 (3): 308 – 330.

[164] Gnyawali, D. R. and B. J. R. Park (2011). Co-opetition between giants: Collaboration with competitors for technological innovation [J]. Research Policy, 40 (5): 650 – 663.

[165] Gnyawali, D. R. and R. Madhavan (2001). Cooperative networks and competitive dynamics: A structural embeddedness perspective [J]. Academy of Management Review, 26 (3): 431 – 445.

[166] Gnyawali, D. R., J. He and R. Madhavan (2006). Impact of co-opetition on firm competitive behavior: An empirical examination [J]. Journal of Management, 32 (4): 507 – 530.

[167] Gooris, J. and C. Peeters (2016). Fragmenting global business processes: A protection for proprietary information [J]. Journal of International Business Studies, 47: 535 – 562.

[168] Granovetter, M. (1973). The strength of weak ties [J]. American Journal of Sociology, 78 (6): 1360 – 1380.

[169] Granovetter, M. (1985). Economic action and social structure: The problem of embeddedness [J]. American Journal of Sociology, 91 (3): 481 – 510.

[170] Granovetter, M. (1992). Networks and organizations: Structure, form, and action

[M]. Harvard Business School Press.

[171] Granstrand, O., E. Bohlin, C. Oskarsson and N. Sjöberg (1992). External technology acquisition in large multi-technology corporations [J]. R&D Management, 22 (2): 111–134.

[172] Grant, R. M. (1996). Toward a knowledge-based theory of the firm [J]. Strategic Management Journal, 17 (S2): 109–122.

[173] Guan, J. and Y. Yan (2016). Technological proximity and recombinative innovation in the alternative energy field [J]. Research Policy, 45 (7): 1460–1473.

[174] Guan, J. and N. Liu (2016). Exploitative and exploratory innovations in knowledge network and collaboration network: A patent analysis in the technological field of nano-energy [J]. Research Policy, 45 (1): 97–112.

[175] Guan, J., J. Zhang and Y. Yan (2017). A dynamic perspective on diversities and network change: Partner entry, exit and persistence [J]. International Journal of Technology Management, 74 (1–4): 221–242.

[176] Guan, J., K. Zuo, K. Chen and R. C. Yam (2016). Does country-level R&D efficiency benefit from the collaboration network structure? [J]. Research Policy, 45 (4): 770–784.

[177] Guan, J., Y. Yan and J. Zhang (2017). The impact of collaboration and knowledge networks on citations [J]. Journal of Informetrics, 11 (2): 407–422.

[178] Gulati, R. (1995). Does familiarity breed trust? The implications of repeated ties for contractual choice in alliances [J]. Academy of Management Journal, 38 (1): 85–112.

[179] Gulati, R. (1995). Social structure and alliance formation patterns: A longitudinal analysis [J]. Administrative Science Quarterly, 40 (4): 619–652.

[180] Gulati, R. (1999). Network location and learning: The influence of network resources and firm capabilities on alliance formation [J]. Strategic Management Journal, 20 (5): 397–420.

[181] Gulati, R., F. Wohlgezogen and P. Zhelyazkov (2012). The two facets of collaboration: Cooperation and coordination in strategic alliances [J]. Academy of Management Annals, 6 (1): 531–583.

[182] Guler, I. (2007). Throwing good money after bad? Political and institutional influences on sequential decision making in the venture capital industry [J]. Administrative Science Quarterly, 52 (2): 248–285.

[183] Gupta, A. K. and V. Govindarajan (2000). Knowledge flows within multinational corporations [J]. Strategic Management Journal, 21 (4): 473–496.

[184] Haans, R. F., C. Pieters and Z. L. He (2016). Thinking about U: Theorizing and testing U-and inverted U-shaped relationships in strategy research [J]. Strategic Management Journal, 37 (7): 1177–1195.

[185] Hagedoorn, J. and G. Duysters (2002). Learning in dynamic inter-firm networks:

The efficacy of multiple contacts [J]. Organization Studies, 23 (4): 525 – 548.

[186] Hamel, G. (1991). Competition for competence andinterpartner learning within international strategic alliances [J]. Strategic Management Journal, 12 (S1): 83 – 103.

[187] Hamilton, B. H. and J. A. Nickerson (2003). Correcting for endogeneity in strategic management research [J]. Strategic Organization, 1 (1): 51 – 78.

[188] Hansen, M. T. (1999). The search-transfer problem: The role of weak ties in sharing knowledge across organization subunits [J]. Administrative Science Quarterly, 44 (1): 82 – 111.

[189] Hansen, M. T. (2002). Knowledge networks: Explaining effective knowledge sharing in multiunit companies [J]. Organization Science, 13 (3): 232 – 248.

[190] Hansen, M. T., M. L. Mors and B. Løvås (2005). Knowledge sharing in organizations: Multiple networks, multiple phases [J]. Academy of Management Journal, 48 (5): 776 – 793.

[191] Heidl, R. A., H. K. Steensma and C. Phelps (2014). Divisive faultlines and the unplanned dissolutions of multipartner alliances [J]. Organization Science, 25 (5): 1351 – 1371.

[192] Hernandez, E. and A. Menon (2021). Corporate strategy and network change [J]. Academy of Management Review, 46 (1): 80 – 107.

[193] Hernandez, E., W. G. Sanders and A. Tuschke (2015). Network defense: Pruning, grafting, and closing to prevent leakage of strategic knowledge to rivals [J]. Academy of Management Journal, 58 (4): 1233 – 1260.

[194] Hillman, A. J., A. Zardkoohi and L. Bierman (1999). Corporate political strategies and firm performance: Indications of firm-specific benefits from personal service in the US government [J]. Strategic Management Journal, 20 (1): 67 – 81.

[195] Husted, K. and S. Michailova (2010). Dual allegiance and knowledge sharing in inter-firm R&D collaborations [J]. Organizational Dynamics, 39 (1): 37.

[196] Husted, K., S. Michailova, D. B. Minbaeva and T. Pedersen (2012). Knowledge-sharing hostility and governance mechanisms: An empirical test [J]. Journal of Knowledge Management, 16 (5): 754 – 773.

[197] Ingram, P. and P. W. Roberts (2000). Friendships among competitors in the Sydney hotel industry [J]. American Journal of Sociology, 106 (2): 387 – 423.

[198] Inkpen, A. C. and A. Dinur (1998). Knowledge management processes and international joint ventures [J]. Organization Science, 9 (4): 454 – 468.

[199] Inkpen, A. C. and E. W. Tsang (2005). Social capital, networks, and knowledge transfer [J]. Academy of Management Review, 30 (1): 146 – 165.

[200] Inkpen, A., D. Minbaeva and E. W. K. Tsang (2019). Unintentional, unavoidable, and beneficial knowledge leakage from the multinational enterprise [J]. Journal of International

Business Studies, 50: 250 – 260.

[201] Inzelt, A. , A. Schubert and M. Schubert (2009). Incremental citation impact due to international co-authorship in Hungarian higher education institutions [J]. Scientometrics, 78 (1): 37 – 43.

[202] Jaffe, A. B. , M. Trajtenberg and R. Henderson (1993). Geographic localization of knowledge spillovers as evidenced by patent citations [J]. The Quarterly Journal of Economics, 108 (3): 577 – 598.

[203] Jansen, J. J. P. , F. A. J. Van Den Bosch and H. W. Volberda (2006). Exploratory innovation, exploitative innovation, and performance: Effects of organizational antecedents and environmental moderators [J]. Management Science, 52 (11): 1661 – 1674.

[204] Jehn, K. A. and E. A. Mannix (2001). The dynamic nature of conflict: A longitudinal study of intragroup conflict and group performance [J]. Academy of Management Journal, 44 (2): 238 – 251.

[205] Jiang, X. , M. Li, S. Gao, Y. Bao and F. Jiang (2013). Managing knowledge leakage in strategic alliances: The effects of trust and formal contracts [J]. Industrial Marketing Management, 42 (6): 983 – 991.

[206] Jiang, X. , Y. Bao, Y. Xie and S. Gao (2016). Partner trustworthiness, knowledge flow in strategic alliances, and firm competitiveness: A contingency perspective [J]. Journal of Business Research, 69 (2): 804 – 814.

[207] Kaiser, M. (2008). Mean clustering coefficients: The role of isolated nodes andleafs on clustering measures for small-world networks [J]. New Journal of Physics, 10 (8): 083042.

[208] Kale, P. , H. Singh and H. Perlmutter (2000). Learning and protection of proprietary assets in strategic alliances: Building relational capital [J]. Strategic Management Journal, 21 (3): 217 – 237.

[209] Kane, G. C. and S. P. Borgatti (2011). Centrality-IS proficiency alignment and workgroup performance [J]. MIS Quarterly, 35 (4): 1063 – 1078.

[210] Katila, R. and E. L. Chen (2008). Effects of search timing on innovation: The value of not being in sync with rivals [J]. Administrative Science Quarterly, 53 (4): 593 – 625.

[211] Kim, H. and Y. Park (2009). Structural effects of R&D collaboration network on knowledge diffusion performance [J]. Expert Systems with Applications, 36 (5): 8986 – 8992.

[212] Kim, M. (2016). Geographic scope, isolating mechanisms, and value appropriation [J]. Strategic Management Journal, 37 (4): 695 – 713.

[213] Kleinbaum, A. M. and T. E. Stuart (2014). Network responsiveness: The social structural microfoundations of dynamic capabilities [J]. Academy of Management Perspectives, 28 (4): 353 – 367.

[214] Kogut, B. and G. Walker (2001). The small world of Germany and the durability of

national networks [J]. American Sociological Review, 66 (3): 317-335.

[215] Kogut, B. and U. Zander (1992). Knowledge of the firm, combinative capabilities, and the replication of technology [J]. Organization Science, 3 (3): 383-397.

[216] Kozlowski, S. W., G. T. Chao, J. A. Grand, M. T. Braun and G. Kuljanin (2013). Advancing multilevel research design: Capturing the dynamics of emergence [J]. Organizational Research Methods, 16 (4): 581-615.

[217] Krackhardt, D. (1999). The ties that torture: Simmelian tie analysis in organizations [J]. Research in the Sociology of Organizations, 16 (1): 183-210.

[218] Kunčič, A. (2014). Institutional quality dataset [J]. Journal of institutional economics, 10 (1): 135-161.

[219] Kurt, Y. and M. Kurt (2020). Social network analysis in international business research: An assessment of the current state of play and future research directions [J]. International Business Review, 29 (2): 101633.

[220] Lan, Y., B. J. Massimino, J. V. Gray and A. Chandrasekaran (2020). The effects of product development network positions on product performance and confidentiality performance [J]. Journal of Operations Management, 66 (7-8): 866-894.

[221] Lau, D. C. and J. K. Murnighan (1998). Demographic diversity andfaultlines: The compositional dynamics of organizational groups [J]. Academy of Management Review, 23 (2): 325-340.

[222] Lau, D. C. and J. K. Murnighan (2005). Interactions within groups and subgroups: The effects of demographicfaultlines [J]. Academy of Management Journal, 48 (4): 645-659.

[223] Lazer, D. and A. Friedman (2007). The network structure of exploration and exploitation [J]. Administrative Science Quarterly, 52 (4): 667-694.

[224] Lee, J. W. (2019). Exploring the antecedents of employees' developmental network characteristics: Does context matter? [J]. Asia Pacific Journal of Human Resources, 57 (1): 103-124.

[225] Leenders, R. T. A., J. M. Van Engelen and J. Kratzer (2003). Virtuality, communication, and new product team creativity: A social network perspective [J]. Journal of Engineering and Technology Management, 20 (1-2): 69-92.

[226] Leicht-Deobald, U., H. Huettermann, H. Bruch and B. S. Lawrence (2021). Organizational demographic faultlines: Their impact on collective organizational identification, firm performance, and firm innovation [J]. Journal of Management Studies, 58 (8): 2240-2274.

[227] Lerner, J. (1995). Venture capitalists and the oversight of private firms [J]. Journal of Finance, 50 (1): 301-318.

[228] Lerner, J. (1995). Patenting in the Shadow of Competitors [J]. The Journal of Law and Economics, 38 (2): 463-495.

[229] Levin, D. Z. and R. Cross (2004). The strength of weak ties you can trust: The

mediating role of trust in effective knowledge transfer [J]. Management Science, 50 (11): 1477 - 1490.

[230] Leydesdorff, L. and T. Opthof (2010). Scopus's source normalized impact per paper (SNIP) versus a journal impact factor based on fractional counting of citations [J]. Journal of the American Society for Information Science and Technology, 61 (11): 2365 - 2369.

[231] Li, E. Y. , C. H. Liao and H. R. Yen (2013). Co-authorship networks and research impact: A social capital perspective [J]. Research Policy, 42 (9): 1515 - 1530.

[232] Li, G. C. , R. Lai, A. D'Amour, D. M. Doolin, Y. Sun, V. I. Torvik, Z. Y. Amy and L. Fleming (2014). Disambiguation and co-authorship networks of the US patent inventor database (1975 - 2010) [J]. Research Policy, 43 (6): 941 - 955.

[233] Li, J. and Z. Xie (2016). Governance structure and the creation and protection of technological competencies: International R&D joint ventures in China [J]. Management International Review, 56: 123 - 148.

[234] Li, J. , C. Qian and F. K. Yao (2015). Confidence in learning: Inter-and intraorganizational learning in foreign market entry decisions [J]. Strategic Management Journal, 36 (6): 918 - 929.

[235] Li, L. and H. Zhang (2008). Confidentiality and information sharing in supply chain coordination [J]. Management Science, 54 (8): 1467 - 1481.

[236] Li, Q. and Y. Kang (2019). Knowledge sharing willingness and leakage risk: An evolutional game model [J]. Sustainability, 11 (3): 596.

[237] Liebeskind, J. P. , A. L. Oliver, L. Zucker and M. Brewer (1996). Social networks, learning, and flexibility: Sourcing scientific knowledge in new biotechnology firms [J]. Organization Science, 7 (4): 428 - 443.

[238] Lind, J. T. and H. Mehlum (2010). With or without U? The appropriate test for a U-shaped relationship [J]. Oxford Bulletin of Economics and Statistics, 72 (1): 109 - 118.

[239] Liu, M. and S. La Croix (2015). A cross-country index of intellectual property rights in pharmaceutical inventions [J]. Research policy, 44 (1): 206 - 216.

[240] Lovelace, K. , D. L. Shapiro and L. R. Weingart (2001). Maximizing cross-functional new product teams' innovativeness and constraint adherence: A conflict communications perspective [J]. Academy of Management Journal, 44 (4): 779 - 793.

[241] Luo, Y. (2003). Industrial dynamics and managerial networking in an emerging market: The case of China [J]. Strategic Management Journal, 24 (13): 1315 - 1327.

[242] MacDonald, G. and M. D. Ryall (2004). How do value creation and competition determine whether a firm appropriates value? [J]. Management Science, 50 (10): 1319 - 1333.

[243] Mani, D. and R. Durand (2019). Family firms in the ownership network: Clustering, bridging, and embeddedness [J]. Entrepreneurship Theory and Practice, 43 (2): 330 - 351.

［244］Maslach, D. (2016). Change and persistence with failed technological innovation [J]. Strategic Management Journal, 37 (4): 714 – 723.

［245］Maurer, I. and M. Ebers (2014). Connections count: How relational embeddedness and relational empowerment foster absorptive capacity [J]. Research Policy, 43: 318 – 332.

［246］McEvily, B. and A. Zaheer (1999). Bridging ties: A source of firm heterogeneity in competitive capabilities [J]. Strategic Management Journal, 20 (12): 1133 – 1156.

［247］Meschi, P. X. and U. Wassmer (2013). The effect of foreign partner network embeddedness on international joint venture failure: Evidence from European firms' investments in emerging economies [J]. International Business Review, 22 (4): 713 – 724.

［248］Mesmer-Magnus, J. R. and L. A. DeChurch (2009). Information sharing and team performance: A meta-analysis [J]. Journal of Applied Psychology, 94 (2): 535.

［249］Methot, J. R., E. H. Rosado-Solomon and D. G. Allen (2018). The network architecture of human capital: A relational identity perspective [J]. Academy of Management Review, 43 (4): 723 – 748.

［250］Meuleman, M., A. Lockett, S. Manigart and M. Wright (2010). Partner selection decisions in interfirm collaborations: The paradox of relational embeddedness [J]. Journal of Management Studies, 47 (6): 995 – 1019.

［251］Milgram, S. (1967). The small world problem [J]. Psychology Today, 2 (1): 60 – 67.

［252］Mitchell, J. C. (1969). Social Networks in Urban Situations: Analyses of Personal Relationships in Central African Towns [M]. Manchester University Press.

［253］Mitsuhashi, H. and H. R. Greve (2009). A matching theory of alliance formation and organizational success: Complementarity and compatibility [J]. Academy of Management Journal, 52 (5): 975 – 995.

［254］Mohamed, S., R. Coles, D. Mynors, P. Chan, A. Grantham and K. Walsh (2007). Understanding one aspect of the knowledge leakage concept among SMEs: People [J]. International Journal of Electronic Business, 5 (2): 204 – 219.

［255］Mohr, J. J., G. T. Gundlach and R. Spekman (1994). Legal ramifications of strategic alliances [J]. Marketing Management, 3 (2): 38.

［256］Molina-Morales, F. X. and M. T. Martínez-Fernández (2009). Too much love in the neighborhood can hurt: How an excess of intensity and trust in relationships may produce negative effects on firms [J]. Strategic Management Journal, 30 (9): 1013 – 1023.

［257］Moran, P. (2005). Structural vs. relational embeddedness: Social capital and managerial performance [J]. Strategic Management Journal, 26 (12): 1129 – 1151.

［258］Morgan, S. L. and A. B. Sørensen (1999). Parental networks, social closure, and mathematics learning: A test of Coleman's social capital explanation of school effects [J]. American Sociological Review, 64 (5): 661 – 681.

[259] Morrison, E. W. (2002). Newcomers' relationships: The role of social network ties during socialization [J]. Academy of Management Journal, 45 (6): 1149-1160.

[260] Mu, J. (2014). Networking capability, network structure, and new product development performance [J]. IEEE Transactions on Engineering Management, 61 (4): 599-609.

[261] Mueller, E. F. (2021). Towards a theory of network facilitation: A microfoundations perspective on the antecedents, practices and outcomes of network facilitation [J]. British Journal of Management, 32 (1): 80-96.

[262] Muñoz-Leiva, F., M. I. Viedma-del-Jesús, J. Sánchez-Fernández and A. G. López-Herrera (2012). An application of co-word analysis and bibliometric maps for detecting the most highlighting themes in the consumer behaviour research from a longitudinal perspective [J]. Quality & Quantity, 46: 1077-1095.

[263] Nelson, R. R. and S. G. Winter (1982). The Schumpeterian tradeoff revisited [J]. The American economic review, 72 (1): 114-132.

[264] Nerkar, A. and S. Paruchuri (2005). Evolution of R&D capabilities: The role of knowledge networks within a firm [J]. Management Science, 51 (5): 771-785.

[265] Newman, M. E. (2003). The structure and function of complex networks [J]. SIAM Review, 45 (2): 167-256.

[266] Newman, M. E., D. J. Watts and S. H. Strogatz (2002). Random graph models of social networks [J]. Proceedings of the National Academy of Sciences, 99 (suppl_1): 2566-2572.

[267] Nielsen, B. B. (2005). The role of knowledge embeddedness in the creation of synergies in strategic alliances [J]. Journal of Business Research, 58 (9): 1194-1204.

[268] Nieminen, J. (1974). On the centrality in a graph [J]. Scandinavian Journal of Psychology, 15 (1): 332-336.

[269] Nohria, N. and C. Garcia-Pont (1991). Global strategic linkages and industry structure [J]. Strategic Management Journal, 12 (S1): 105-124.

[270] Nonaka, L., H. Takeuchi and K. Umemoto (1996). A theory of organizational knowledge creation [J]. International Journal of Technology Management, 11 (7-8): 833-845.

[271] Nooteboom, B. (2000). Learning and innovation in organizations and economies [M]. OUP Oxford.

[272] Obstfeld, D. (2005). Social networks, the tertiusiungens orientation, and involvement in innovation [J]. Administrative Science Quarterly, 50 (1): 100-130.

[273] Olander, H., P. Hurmelinna-Laukkanen and J. Mähönen (2009). What's small size got to do with it? Protection of intellectual assets in SMEs [J]. International Journal of Innovation Management, 13 (3): 349-370.

[274] Oliveira, M. and J. Gama (2012). An overview of social network analysis [J]. Wiley Interdisciplinary Reviews: Data Mining and Knowledge Discovery, 2 (2): 99-115.

［275］Oliver, A. L. (2004). On the duality of competition and collaboration: network-based knowledge relations in the biotechnology industry [J]. Scandinavian Journal of Management, 20(1-2): 151-171.

［276］Owen-Smith, J. and W. W. Powell (2004). Knowledge networks as channels and conduits: The effects of spillovers in the Boston biotechnology community [J]. Organization Science, 15(1): 5-21.

［277］Oxley, J. E. and R. C. Sampson (2004). The scope and governance of international R&D alliances [J]. Strategic Management Journal, 25(8-9): 723-749.

［278］Ozmel, U., D. Yavuz, J. J. Reuer and T. Zenger (2017). Network prominence, bargaining power, and the allocation of value capturing rights in high-tech alliance contracts [J]. Organization Science, 28(5): 947-964.

［279］Paeleman, I. and T. Vanacker (2015). Less is more, or not? On the interplay between bundles of slack resources, firm performance and firm survival [J]. Journal of Management Studies, 52(6): 819-848.

［280］Pagani, M. (2004). Determinants of adoption of third generation mobile multimedia services [J]. Journal of Interactive Marketing, 18(3): 46-59.

［281］Park, B. J. R., M. K. Srivastava and D. R. Gnyawali (2014). Walking the tight rope of coopetition: Impact of competition and cooperation intensities and balance on firm innovation performance [J]. Industrial Marketing Management, 43(2): 210-221.

［282］Park, S. H. and M. V. Russo (1996). When competition eclipses cooperation: An event history analysis of joint venture failure [J]. Management Science, 42(6): 875-890.

［283］Paruchuri, S. (2010). Intraorganizational networks, interorganizational networks, and the impact of central inventors: A longitudinal study of pharmaceutical firms [J]. Organization Science, 21(1): 63-80.

［284］Peng, C. H., L. L. Wu, C. P. Wei and C. M. Chang (2020). Intrafirm network structure and firm innovation performance: The moderating role of environmental uncertainty [J]. IEEE Transactions on Engineering Management, 69(4): 1173-1184.

［285］Perry-Smith, J. E. (2006). Social yet creative: The role of social relationships in facilitating individual creativity [J]. Academy of Management Journal, 49(1): 85-101.

［286］Peteraf, M. A. and M. E. Bergen (2003). Scanning dynamic competitive landscapes: a market-based and resource-based framework [J]. Strategic Management Journal, 24(10): 1027-1041.

［287］Phelps, C. (2010). A longitudinal study of the influence of alliance network structure and composition on firm exploratory innovation [J]. Academy of management Journal, 53(4): 890-913.

［288］Phelps, C., R. Heidl and A. Wadhwa (2012). Knowledge, networks, and knowledge networks: A review and research agenda [J]. Journal of management, 38(4): 1115-1166.

[289] Pisani, N. and J. E. Ricart (2018). Offshoring innovation to emerging countries: The effects of IP protection and cultural differences on firms' decision to augment versus exploit home-base-knowledge [J]. Management International Review, 58 (6): 871-909.

[290] Podolny, J. M. (2001). Networks as the pipes and prisms of the market [J]. American Journal of Sociology, 107 (1): 33-60.

[291] Polidoro Jr, F., G. Ahuja and W. Mitchell (2011). When the social structure overshadows competitive incentives: The effects of network embeddedness on joint venture dissolution [J]. Academy of Management Journal, 54 (1): 203-223.

[292] Powell, W. W. (1990). Neither market nor hierarchy: Network forms of organization [J]. Research in Organizational Behavior, 315: 104-117.

[293] Powell, W. W. (1996). Inter-organizational collaboration in the biotechnology industry [J]. Journal of Institutional and Theoretical Economics, 152 (1): 197-215.

[294] Powell, W. W., K. W. Koput and L. Smith-Doerr (1996). Interorganizational collaboration and the locus of innovation: Networks of learning in biotechnology [J]. Administrative Science Quarterly, 41 (1): 116-145.

[295] Qian, Y. (2007). Do national patent laws stimulate domestic innovation in a global patenting environment? A cross-country analysis of pharmaceutical patent protection, 1978-2002 [J]. The Review of Economics and Statistics, 89 (3): 436-453.

[296] Rangan, U. S. and M. Y. Yoshino (1996). Forging alliances: A guide to top management [J]. The Columbia Journal of World Business, 31 (3): 6-13.

[297] Reagans, R. and B. McEvily (2003). Network structure and knowledge transfer: The effects of cohesion and range [J]. Administrative Science Quarterly, 48 (2): 240-267.

[298] Reagans, R. and E. W. Zuckerman (2001). Networks, diversity, and productivity: The social capital of corporate R&D teams [J]. Organization Science, 12 (4): 502-517.

[299] Ritala, P. (2012). Coopetition strategy—when is it successful? Empirical evidence on innovation and market performance [J]. British Journal of Management, 23 (3): 307-324.

[300] Ritala, P. and P. Hurmelinna-Laukkanen (2009). What's in it for me? Creating and appropriating value in innovation-related coopetition [J]. Technovation, 29 (12): 819-828.

[301] Ritala, P. and P. Hurmelinna-Laukkanen (2013). Incremental and radical innovation in coopetition—The role of absorptive capacity and appropriability [J]. Journal of Product Innovation Management, 30 (1): 154-169.

[302] Ritala, P., H. Olander, S. Michailova and K. Husted (2015). Knowledge sharing, knowledge leaking, and relative innovation performance: An empirical study [J]. Technovation, 35: 22-31.

[303] Ritala, P., S. Kraus and R. B. Bouncken (2016). Introduction to coopetition and innovation: Contemporary topics and future research opportunities [J]. International Journal of Technology Management, 71 (1-2): 1-9.

[304] Rodan, S. and C. Galunic (2004). More than network structure: How knowledge heterogeneity influences managerial performance and innovativeness [J]. Strategic Management Journal, 25 (6): 541–562.

[305] Rogan, M. (2014). Too close for comfort? The effect of embeddedness and competitive overlap on client relationship retention following an acquisition [J]. Organization Science, 25 (1): 185–203.

[306] Rosenkopf, L. and P. Almeida (2003). Overcoming local search through alliances and mobility [J]. Management Science, 49 (6): 751–766.

[307] Rothaermel, F. T. and M. T. Alexandre (2009). Ambidexterity in technology sourcing: The moderating role of absorptive capacity [J]. Organization Science, 20 (4): 759–780.

[308] Rowley, T., D. Behrens and D. Krackhardt (2000). Redundant governance structures: An analysis of structural and relational embeddedness in the steel and semiconductor industries [J]. Strategic Management Journal, 21 (3): 369–386.

[309] Rugman, A. M. and A. Verbeke (2003). Extending the theory of the multinational enterprise: Internalization and strategic management perspectives [J]. Journal of International Business Studies, 34: 125–137.

[310] Ruigrok, W., S. I. Peck and H. Keller (2006). Board characteristics and involvement in strategic decision making: Evidence from Swiss companies [J]. Journal of Management Studies, 43 (5): 1201–1226.

[311] Rutten, R. and F. Boekema (2007). Regional social capital: Embeddedness, innovation networks and regional economic development [J]. Technological Forecasting and Social Change, 74 (9): 1834–1846.

[312] Ryu, W., B. T. McCann and J. J. Reuer (2018). Geographic co-location of partners and rivals: Implications for the design of R&D alliances [J]. Academy of Management Journal, 61 (3): 945–965.

[313] Salomon, R. and X. Martin (2008). Learning, knowledge transfer, and technology implementation performance: A study of time-to-build in the global semiconductor industry [J]. Management Science, 54 (7): 1266–1280.

[314] Sasabuchi, S. (1980). A test of a multivariate normal mean with composite hypotheses determined by linear inequalities [J]. Biometrika, 67 (2): 429–439.

[315] Schelling, T. C. (1971). Dynamic models of segregation [J]. Journal of Mathematical Sociology, 1 (2): 143–186.

[316] Schilling, M. A. and C. C. Phelps (2007). Interfirm collaboration networks: The impact of large-scale network structure on firm innovation [J]. Management science, 53 (7): 1113–1126.

[317] Scott, J. (1991). Networks of corporate power: A comparative assessment [J].

Annual Review of Sociology, 17 (1): 181-203.

[318] Shafi, K., A. Mohammadi and S. A. Johan (2020). Investment ties gone awry [J]. Academy of Management Journal, 63 (1): 295-327.

[319] Shah, P. P. (2000). Network destruction: The structural implications of downsizing [J]. Academy of Management Journal, 43 (1): 101-112.

[320] Sharma, A., V. Kumar, J. Yan, S. B. Borah and A. Adhikary (2019). Understanding the structural characteristics of a firm's whole buyer-supplier network and its impact on international business performance [J]. Journal of International Business Studies, 50: 365-392.

[321] Shaw, M. E. (1954). Group structure and the behavior of individuals in small groups [J]. The Journal of Psychology, 38 (1): 139-149.

[322] Shi, W., S. L. Sun, B. C. Pinkham and M. W. Peng (2014). Domestic alliance network to attract foreign partners: Evidence from international joint ventures in China [J]. Journal of International Business Studies, 45: 338-362.

[323] Simonin, B. L. (1999). Ambiguity and the process of knowledge transfer in strategic alliances [J]. Strategic Management Journal, 20 (7): 595-623.

[324] Simsek, Z., M. H. Lubatkin and S. W. Floyd (2003). Inter-firm networks and entrepreneurial behavior: A structural embeddedness perspective [J]. Journal of Management, 29 (3): 427-442.

[325] Singh, H., D. Kryscynski, X. Li and R. Gopal (2016). Pipes, pools, and filters: How collaboration networks affect innovative performance [J]. Strategic Management Journal, 37 (8): 1649-1666.

[326] Singh, J. (2005). Collaborative networks as determinants of knowledge diffusion patterns [J]. Management Science, 51 (5): 756-770.

[327] Sitlington, H. and V. Marshall (2011). Do downsizing decisions affect organisational knowledge and performance? [J]. Management Decision, 49 (1): 116-129.

[328] Skilton, P. F. (2006). A comparative study of communal practice: Assessing the effects of taken-for-granted-ness on citation practice in scientific communities [J]. Scientometrics, 68 (1): 73-96.

[329] Skilton, P. F. and E. Bernardes (2015). Competition network structure and product market entry [J]. Strategic management journal, 36 (11): 1688-1696.

[330] Smith-Doerr, L. and W. W. Powell (2010). The handbook of economic sociology [M]. Princeton university press.

[331] Sparrowe, R. T., R. C. Liden, S. J. Wayne and M. L. Kraimer (2001). Social networks and the performance of individuals and groups [J]. Academy of Management Journal, 44 (2): 316-325.

[332] Su, H. N. and P. C. Lee (2010). Mapping knowledge structure by keyword co-occurrence: A first look at journal papers in Technology Foresight [J]. Scientometrics, 85 (1):

65 - 79.

[333] Tahamtan, I., A. Safipour Afshar and K. Ahamdzadeh (2016). Factors affecting number of citations: A comprehensive review of the literature [J]. Scientometrics, 107: 1195 - 1225.

[334] Thatcher, S. M. and P. C. Patel (2012). Groupfaultlines: A review, integration, and guide to future research [J]. Journal of Management, 38 (4): 969 - 1009.

[335] Thelwall, M. and P. Wilson (2014). Regression for citation data: An evaluation of different methods [J]. Journal of Informetrics, 8 (4): 963 - 971.

[336] Tsai, W. (2002). Social structure of "coopetition" within a multiunit organization: Coordination, competition, and intraorganizational knowledge sharing [J]. Organization Science, 13 (2): 179 - 190.

[337] Tsai, W. and S. Ghoshal (1998). Social capital and value creation: The role of intrafirm networks [J]. Academy of Management Journal, 41 (4): 464 - 476.

[338] Uzzi, B. (1997). Social structure and competition in interfirm networks: The paradox of embeddedness [J]. Administrative Science Quarterly, 42 (1): 35.

[339] Uzzi, B. and J. J. Gillespie (2003). Knowledge spillover in corporate financing networks: Embeddedness and the firm's debt performance [J]. Strategic Management Journal, 23 (7): 595 - 618.

[340] Uzzi, B. and J. Spiro (2005). Collaboration and creativity: The small world problem [J]. American Journal of Sociology, 111 (2): 447 - 504.

[341] Uzzi, B. and R. Lancaster (2003). Relational embeddedness and learning: The case of bank loan managers and their clients [J]. Management Science, 49 (4): 383 - 399.

[342] Uzzi, B., S. Mukherjee, M. Stringer and B. Jones (2013). Atypical combinations and scientific impact [J]. Science, 342 (6157): 468 - 472.

[343] Vanhaverbeke, W., V. Gilsing, B. Beerkens and G. Duysters (2009). The role of alliance network redundancy in the creation of core and noncore technologies [J]. Journal of Management Studies, 46 (2): 215 - 244.

[344] Venkatesh, V. (2000). Determinants of perceived ease of use: Integrating control, intrinsic motivation, and emotion into the technology acceptance model [J]. Information Systems Research, 11 (4): 342 - 365.

[345] Verspagen, B. and G. Duysters (2003). The small worlds of strategic technology alliances [J]. Technovation, 24 (7): 563 - 571.

[346] von Hippel, E. (1994). "Sticky Information" and the Locus of Problem Solving: Implications for Innovation [J]. Management Science, 40 (4): 429 - 439.

[347] Vuong, Q. H. (1989). Likelihood ratio tests for model selection and non-nested hypotheses [J]. Econometrica: Journal of the Econometric Society, 57 (2): 307 - 333.

[348] Wales, W. J., V. Parida and P. C. Patel (2013). Too much of a good thing? Absorptive

capacity, firm performance, and the moderating role of entrepreneurial orientation [J]. Strategic management journal, 34 (5): 622 – 633.

[349] Wang, C., S. Rodan, M. Fruin and X. Xu (2014). Knowledge networks, collaboration networks, and exploratory innovation [J]. Academy of Management Journal, 57 (2): 484 – 514.

[350] Wang, H., Y. Zhao, B. Dang, P. Han and X. Shi (2019). Network centrality and innovation performance: The role of formal and informal institutions in emerging economies [J]. Journal of Business & Industrial Marketing, 34 (6): 1388 – 1400.

[351] Wang, J. (2016). Knowledge creation in collaboration networks: Effects of tie configuration [J]. Research Policy, 45 (1): 68 – 80.

[352] Wang, J. and P. Shapira (2011). Funding acknowledgement analysis: An enhanced tool to investigate research sponsorship impacts: The case of nanotechnology [J]. Scientometrics, 87 (3): 563 – 586.

[353] Wang, P. (2020). Broadening versus reinforcing investor portfolios: Social structure and the search for venture capital investors [J]. Journal of Business Venturing, 35 (1): 105915.

[354] Wang, Y. and J. Vassileva (2003). Bayesian network trust model in peer-to-peer networks [C]. Agents and Peer-to-Peer Computing.

[355] Wang, Y., A. Van Assche and E. Turkina (2018). Antecedents of SME embeddedness in inter-organizational networks: Evidence from China's aerospace industry [J]. Journal of Small Business & Entrepreneurship, 30 (1): 53 – 75.

[356] Wang, S., Y. Yan, H. Li and B. Wang (2024). Whom you know matters: Network structure, industrial environment and digital orientation [J]. Technological Forecasting and Social Change, 206: 123493.

[357] Wasserman, S. (1994). Social Network Analysis: Methods and Applications [M]. The Press Syndicate of the University of Cambridge.

[358] Watts, D. J. (1999). Small Worlds: The Dynamics of Networks Between Order and Randomness [M]. Princeton University Press.

[359] Watts, D. J. and S. H. Strogatz (1998). Collective dynamics of "small-world" networks [J]. Nature, 393 (6684): 440 – 442.

[360] West, M. A. and N. R. Anderson (1996). Innovation in top management teams [J]. Journal of Applied Psychology, 81 (6): 680.

[361] Wright, M. and A. Lockett (2003). The structure and management of alliances: Syndication in the venture capital industry [J]. Journal of Management Studies, 40 (8): 2073 – 2102.

[362] Wu, H. and Y. Zhou (2021). Optimal degree of openness in open innovation: A perspective from knowledge acquisition & knowledge leakage [J]. Technology in Society, 67:

101756.

［363］ Yan, Y. and J. Guan (2018). How multiple networks help in creating knowledge: Evidence from alternative energy patents ［J］. Scientometrics, 115: 51 – 77.

［364］ Yan, Y. and J. Guan (2018). Social capital, exploitative and exploratory innovations: The mediating roles of ego-network dynamics ［J］. Technological Forecasting and Social Change, 126: 244 – 258.

［365］ Yan, Y., J. Li and J. Zhang (2022). Protecting intellectual property in foreign subsidiaries: An internal network defense perspective ［J］. Journal of International Business Studies, 53 (9): 1924 – 1944.

［366］ Yan, Y., J. Zhang and J. Guan (2019). Network embeddedness and innovation: Evidence from the alternative energy field ［J］. IEEE Transactions on Engineering Management, 67 (3): 769 – 782.

［367］ Yayavaram, S. and G. Ahuja (2008). Decomposability in knowledge structures and its impact on the usefulness of inventions and knowledge-base malleability ［J］. Administrative Science Quarterly, 53 (2): 333 – 362.

［368］ Yli-Renko, H., E. Autio and H. J. Sapienza (2001). Social capital, knowledge acquisition, and knowledge exploitation in young technology-based firms ［J］. Strategic Management Journal, 22 (6 – 7): 587 – 613.

［369］ Zaheer, A. and G. G. Bell (2005). Benefiting from network position: firm capabilities, structural holes, and performance ［J］. Strategic Management Journal, 26 (9): 809 – 825.

［370］ Zhang, L. and I. Guler (2020). How to join the club: Patterns of embeddedness and the addition of new members to interorganizational collaborations ［J］. Administrative Science Quarterly, 65 (1): 112 – 150.

［371］ Zhang, L., A. K. Gupta and B. L. Hallen (2017). The conditional importance of prior ties: A group-level analysis of venture capital syndication ［J］. Academy of Management Journal, 60 (4): 1360 – 1386.

［372］ Zhang, E. Y., B. L. Aven and A. M. Kleinbaum (2024). License to broker: How mobility eliminates gender gaps in network advantage ［J］. Administrative Science Quarterly, 69 (2): 227 – 270.

［373］ Zhang, J. and J. Guan (2019). The impact of competition strength and density on performance: The technological competition networks in the wind energy industry ［J］. Industrial Marketing Management, 82: 213 – 225.

［374］ Zhang, J., Y. Yan and J. Guan (2015). Scientific relatedness in solar energy: a comparative study between the USA and China ［J］. Scientometrics, 102: 1595 – 1613.

［375］ Zhao, M. (2006). Conducting R&D in countries with weak intellectual property rights protection ［J］. Management Science, 52 (8): 1185 – 1199.

[376] Zhao, Z. J. and J. Anand (2009). A multilevel perspective on knowledge transfer: Evidence from the Chinese automotive industry [J]. Strategic Management Journal, 30 (9): 959 – 983.

[377] Zhelyazkov, P. I. (2018). Interactions and interests: Collaboration outcomes, competitive concerns, and the limits to triadic closure [J]. Administrative Science Quarterly, 63 (1): 210 – 247.

[378] Zhelyazkov, P. I. and R. Gulati (2016). After the break-up: The relational and reputational consequences of withdrawals from venture capital syndicates [J]. Academy of Management Journal, 59 (1): 277 – 301.

[379] Zheng, Y., J. Liu and G. George (2010). The dynamic impact of innovative capability and inter-firm network on firm valuation: A longitudinal study of biotechnology start-ups [J]. Journal of Business Venturing, 25 (6): 593 – 609.

[380] Zhou, J., S. J. Shin, D. J. Brass, J. Choi and Z. X. Zhang (2009). Social networks, personal values, and creativity: Evidence for curvilinear and interaction effects [J]. Journal of Applied Psychology, 94 (6): 1544.

[381] Zhou, K. Z. and F. Wu (2010). Technological capability, strategic flexibility, and product innovation [J]. Strategic Management Journal, 31 (5): 547 – 561.